U0574774

北京文化研究丛书

陈镭 著

Cultural Capital
and Beijing Creative Industries

文化资本
与北京文化创意产业

社会科学文献出版社
SOCIAL SCIENCES ACADEMIC PRESS(CHINA)

本丛书由首都师范大学文化研究院资助出版

目　录

│ 导　论 │

一　问题的提出

20 世纪 90 年代，西方发达国家在第三次科技革命和知识经济兴起的大背景下，开始把文化创意产业作为一项重要发展战略。1994 年，澳大利亚推出建立"创意之国"的文化政策，英国和其他国家及地区的创意产业概念、政策也纷纷出炉，文化创意产业在发达国家的城市转型和产业结构优化中发挥了重要作用，相关研究随之在全球范围勃兴。发达国家的文化创意产业概念各有侧重，但大多强调了"创新""创意""知识产权"的重要地位。由于文化工业、文化产业的理论研究在西方国家开展得较早，半个多世纪的理论实践已经为继起的文化创意产业研究做了很好的铺垫，使其拥有丰富的理论资源和跨学科综合的特征，也与本国产业实践有很好的互动。

国内的文化产业研究在进入 21 世纪后迅速兴起，特别是从国家"十一五"规划实施以来，取得了长足进步。理论界对文化产业的概念范畴、基础理论、行为主体、产业结构、发展现状等主要方面进行了研究，涉及文化产业发展的政策制度、融资环境、品牌培育、集聚区、产业链以及知识产权保护等具体问题，为研究更高形态的文化创意产业做出了铺垫。目前，对于北京文化创意产业的研究已积累不少成果，奠定了本领域的研究基础，但是"时文"性质的动态研究、局部研究和评论文章较多，研究著作偏少，因此从"文化资本"这个新的理论维度进行系统研究是十分必要的。

从实践角度看，北京文化创意产业的快速发展，也对文化创意产业的理论研究提出了新的要求。据北京市发改委公布的数据，北京的文化创意产业在"十一五"时期已经发展成为仅次于金融业的重要支柱产业，GDP 占比为 12.3%，2016 年达到 14.3%，预计2020 年将达到 15% 左右。文化创意产业是北京经济的新增长点，近年来保持较高的年增长速度。2017 年前 11 个月，北京规模以上文化创意产业实现收入 1.36 万亿元，同比增长 9.4%，占地区生产总值的比重居全国各省区市首位。当下，北京的文化创意产业步入新的历史阶段，被寄予更高的期待，需要以新的理论视角进行专项研究。

二 研究框架和方法

资本是人类社会发展到一定阶段的产物，它实际上是体现了某种权力关系的生产要素，可以是各种物质资源（资金、厂房、设备、原材料），也可以是精神方面的资源（知识、技能、文化等），这种权力关系确保了人类在满足个人消费之外积累起来的劳动能够重新投入生产，带来物质财富或其他方面的效用。文化资本作为资本形式的一种，并不是广义上的文化，而是具备资本意义、能够给拥有者带来收益的一种人类精神积淀物。这种脑力和体力劳动积累的产物既有资本的性质，又有自身的特性，可以整合总结为符号性、价值性、增殖性、流动性四个方面。

文化创意产业受到文化资本影响，有着与其他产业不尽相同的运行规律。《北京市文化创意产业分类标准》（2008）对文化创意产业的定义是"以创作、创造、创新为根本手段，以文化内容和创意成果为核心价值，以知识产权实现或消费为交易特征，为社会公众提供文化体验的具有内在联系的行业集群"。以文化资本视角来看，其中的文化内容和创意成果是精神形式、物质形式的文化资本，知识产权是受到法律制度保护的文化资本，文化资本甚至可以说构成了文化创意企业的核心竞争力。

20世纪90年代以来，文化越来越为发达国家城市规划所重视，"文化资本"被视为城市发展的基础和文化创意产业增效的重要手段。北京的文化产业发展向文化创意产业转型，进而实现创意产业升级的关键就在于：超越文化被直接生产的简单工业化阶段和制作模式，充分利用首都丰富的文化资本储备，将其转变为重要的生产要素。

本书辨析了资本的不同类别和文化资本的概念，吸收借鉴布尔迪厄、古尔德纳以来国内外的文化资本理论成果，分析文化资本与文化创意产业发展之间的关系，诸形态的文化资本如何发挥其作用；梳理北京市各类文化资本的储备情况和利用文化资本发展文化创意产业的成功经验，研究文化资本如何在文化创意产业的框架内实现创造性利用。最后，分析了当前北京利用文化资本发展文化创意产业存在的问题和不足，探讨进一步利用文化资本发展文化创意产业的主要路径。

基本思路："文化资本"是法国社会学家皮埃尔·布尔迪厄（Pierre Bourdieu，又译皮埃尔·布迪厄）使用的理论术语。布尔迪厄主要用它来指示那些对个人或群体而言，表现为知识或思想形式的财富。这一类型的财富支持着身份和权力的合法性，使其拥有者获得文化和其他方面的收益，在一定条件下可以转化为经济资本、社会资本。这一概念扩展了经典的、马克思的经济资本概念。布尔迪厄还认为，文化资本有三种存在形式：一是主体化、个体化的形态，表现为精神性质的性情、倾向、惯习；二是客体化形态，体现在具体的文化物品之中；三是制度化形态，它介于精神形式和物化形式之间。例如教育体系授予个人学位和专业证书，就是一种重要的文化资本。受制度保证的文化资本比较容易转化为其他形式的资本。

布尔迪厄的文化资本理论多用于研究个体和社会阶层，但其中蕴含的道理可以推及城市发展层面。这是因为几乎每个城市都有自己特定的、独有的文化资源，在这些资源基础上形成了城市文化特色和文化个性。北京作为文化古都和中国的政治、经济、文化中心，有着极为丰富的历史文化资源，有着多层面、多结构、多主题的物质形态文化资源和非物质形态的文化资源。这些资源都可以上升为文化创意产业所需的文化资本，通过创造性、创新性的劳动转变为文化创意，创造出有特色的文化产品，提供具有鲜明特征的文化服务。

基本研究方法有如下几种。其一，进行概念辨析、基础理论的探讨。其二，进行实证研究和前瞻性研究。对北京文化资本的储备进行梳理，分析利用文化资本发展文化创意产业存在的问题和不足，并探讨其提升路径。其三，跨学科综合。吸收文化产业研究之外的其他学科研究成果，如社会学、文化研究理论、文艺理论等。目前，北京文化创意产业的研究成果大多体现了单一学术背景，而更深入的研究需要实现跨学科综合。其四，比较研究，吸收西方国家及其他世界城市发展文化创意产业的成功经验。巴黎、伦敦、东京等著名文化中心城市，文化创意产业占地方经济的比重都相当高，在有的城市甚至成为第一大支柱产业，也体现了所在国家在世界范围内的文化主导权。这些国际著名的"创意之城"有效利用其文化资本的经验，将给我们带来许多新的发展思路。

本书主要内容安排如下。

（1）文化资本理论的主要内容。

（2）文化创意产业概述及相关理论述评。

（3）文化资本与文化创意产业的关系分析。

（4）文化资本与文化体制改革的历史进程。

（5）北京的文化资本储备情况梳理。

（6）总结北京利用文化资本发展文化创意产业的成功经验。

（7）分析北京利用文化资本发展文化创意产业的问题与不足。

（8）探讨北京利用文化资本发展文化创意产业的主要路径。

本书的重点在于对文化资本概念及其理论的考辨，对北京文化资本利用方面所存在的主要问题进行分析、提炼，并探讨提升路径。本书的难点在于文化资本的来源、类型复杂，文化创意产业的门类、领域众多，涉及不同的商业业态，也有多种业态之间的渗透组合，这给调研带来了难度。调研对象具有多样性、特殊性，需要多学科和跨学科综合，需要跨界思维。有些新兴文化创意产业处于起步阶段，管理尚不规范、配套服务不够健全，呈现出的面貌较为复杂，为分析判断带来一定的困难。

本书的创新点在于，对文化资本概念及其理论进行深入考辨；从"文化资本"维度对北京市文化创意产业进行重新审视，对北京的文化资本储备进行梳理；从北京的城市发展定位和可持续发展的需要出发，探寻利用文化资本发展北京文化创意产业的具体途径，把实证性与理论性、实践性与可操作性、具体性与前瞻性相结合。

|第一章|

文化资本

本章梳理文化资本理论的基本观点，为"文化资本与北京文化创意产业"课题提供理论准备。"文化资本"是用来描述文化在社会生活、经济生活中地位作用的一个理想术语，近年来在理论界得到了广泛应用，并开始进入大众传媒领域。本章从资本的一般概念入手，首先探讨原属于经济学范畴的资本概念如何扩展到文化领域，文化在何种意义上具备资本的功能；梳理国内外相关研究成果，分析文化资本的性质、积累和再生产过程，阐明本研究使用文化资本概念时的理论逻辑。

一 资本与文化

1. 资本的一般概念

资本是人类社会发展到一定阶段的产物，它实际上是体现了某种权力关系的生产要素，可以是各种物质资源（资金、厂房、设备、原材料），也可以是精神方面的资源（知识、技能、文化等），这种权力关系确保了人类在满足个人消费之外积累起来的劳动，能够重新投入生产，带来物质财富或其他方面的效用。资本有一种自我复制的倾向，"资本是以同一的形式或扩大的形式获取生产利润的能力，也是以这些形式进行再生产的潜在的能力"①。在早期的理论研究和社会实践中，资本主要是指经济生活中产生价值的物质形式的生产要素，比如投入生产的厂房、机器、运输设施等，马克思把资本的本质界定为生产关系，也较少考虑文化因素，这一局面随着社会发展和历史经验的积累逐渐转变。

经济学上的资本概念经历了一个长期演变的过程，又以马克思主义的经典学说作为历史节点。"资本"（capital）最初起源于拉丁文 caput，含义是"头"或"首要的"，约在 14 世纪进入英语，相近的拉丁词 capatle 既是"财产"又是"家畜"的意思：

> "资本"这个词开始同时具有两个含义——表示资产（家畜）的物质存在和它们创造剩余价值的潜能。"资本"一词的两种用法从牲口棚到经济学创立者的书桌只有一步之遥，"资本"通常被定义为一个国家中能够引发剩余价值的生产、提高生产力的那部分资产。②

17 世纪的西方经济学家考察了与生产有关的各种要素，包括货币、土地、劳动时间等是否能产生财富。资本最初被重商主义学者等同于货币，弗朗斯瓦·魁奈（Francois Quesnay）等法国重农主义经济学家又把对资本的研究从流通领域扩展到了生产全过程，每一轮农业生产所需的种子、肥料、工资以及作长期投入的耕畜、农具、仓库、房屋等，都被看作资本。此后工业革命兴起，18 世纪以亚当·斯密（Adam Smith）、大卫·李嘉图（David Ricardo）等为代表

---

① 布尔迪厄：《资本的形式》，载薛晓源、曹荣湘主编《全球化与文化资本》，社会科学文献出版社，2005，第 5 页。
② 赫尔南多·德·索托：《资本的秘密》，王晓冬译，江苏人民出版社，2001，第 31、32 页。

的古典政治经济学家提出了较为成熟的资本理论，成为马克思政治经济学的理论来源之一。亚当·斯密研究了农矿渔业、工业制造业、批发商业和零售业四个类别的生产资本，注意到资本背后的生产关系，"资本一经在个别人手中积聚起来，当然就有一些人，为了从劳动生产物的或劳动对原材料增加的价值上得到一种利润，便把资本投在劳动人民身上，以原材料和生活资料供给他们，叫他们劳作。与货物、劳动或其他货物交换的完全制造品的价格，除了足够支付原材料代价和劳动工资外，还须剩有一部分，给予企业家，作为他把资本投在这企业而得的利润"[①]。亚当·斯密承认劳动是价值的源泉，商品的价值量由包含其中的劳动量来决定，但他的理论又埋藏了"生产要素价值论"的因子，认为劳动者创造的价值必须一部分支付工资，另一部分支付雇主的利润，用来回报并超出后者垫付原材料和工资的资本，否则他们便不会有雇佣工人进行投资的兴趣。后期的英国古典政治经济学家理查德·琼斯（Richard Jones）等人进一步强调了资本包含的生产关系，琼斯提出资本主义生产方式只不过是社会发展的一个历史阶段。

马克思的资本理论也建立在劳动价值论的基础上，但他没有停留在把资本定义为获得利润的生产资料，而是做了多方面的界定：①资本是能够带来剩余价值的价值，即所谓增殖性，价值则是凝结在商品中无差别的人类劳动。②资本本质上"不是物，而是一种以物为媒介的人与人之间的社会关系"，厂房、机器、原材料等生产要素充当了资本家的剥削工具，"资本作为自行增殖的价值，不仅包含着阶级关系，包含着建立在劳动作为雇佣劳动而存在的基础上的一定的社会性质"[②]，因此资本也是一个历史范畴。③资本是一种循环

① 亚当·斯密：《国民财富的性质和原因的研究》（上），郭大力、王亚南译，商务印书馆，1983，第43页。

② 马克思：《资本论》第二卷，人民出版社，2004，第121页。

的运动。《资本论》第二卷"资本形态变化及其循环"揭示出，资本不断进行着"货币资本—生产资本—商品资本"的形变，从而生产出并实现剩余价值。

现代西方主流的经济学家没有坚持这种政治经济学的批判思路，他们把土地、资本、人力、劳动并列为生产的四大要素。比马克思稍早的法国经济学家萨伊（Jean - Baptiste Say）在 1803 年的《政治经济学概论》中首次确立资本的合法地位，资本被看成一种独立的生产要素，从而奠定了现代西方主流经济学的基础。古典时期终结之后，理论界出现了形形色色更为细化的资本理论，在 20 世纪形成新古典综合理论、新剑桥派与新奥地利派等学说。[①]

西方许多进行社会批判的左派知识分子继承了马克思主义政治经济学传统，关注主流经济学家忽视或排除在论域之外的权力、阶级冲突等问题，他们的研究方式比主流经济学家更注重社会整体状况和研究对象的历史变迁，强烈关注正义、公平等问题。

今日中国实行社会主义市场经济，新时期的商品生产空前繁荣，资本背后是多元的利益主体，未必能与资本主义生产关系画等号。1997 年，十五大报告指出，"坚持按劳分配为主体、多种分配方式并存的制度。把按劳分配和按生产要素分配结合起来，坚持效率优先、兼顾公平，有利于优化资源配置，促进经济发展，保持社会稳定。依法保护合法收入，允许和鼓励一部分人通过诚实劳动和合法经营先富起来，允许和鼓励资本、技术等生产要素参与收益分配"。2017 年，十九大报告指出，"坚持按劳分配原则，完善按要素分配的体制机制，促进收入分配更合理、更有序"。无论经济学家如何讨论资本衡量问题上的两种价值论，经济生活中实际的分配方式都是按劳分配和按生产要素分配相结合的产物，资本收益得到了保证，

---

① 参见张凤林《西方资本理论的发展与演变》，《中国社会科学》1995 年第 2 期，第 61～74 页。

而经济学中资本概念外延的扩大，正是对各种生产要素的认识不断推进的结果。

2. 资本的类别

经济学家一般把资本分为物质资本、人力资本、自然资本三大类，只有少数经济学家会系统考察文化资本、社会资本的作用；现代社会学理论引入文化资本概念之后，常常把经济资本、文化资本和社会资本三者并列。以上两种划分取决于他们各自研究的角度和范围。不同学科背景的当代研究者还提出过"符号资本""国家资本""宗教资本""道德资本"等更为细化的类别，这里仅就几个主要类别做出辨析。

经济资本在社会生产中居于主导地位，是指那些可以直接转变为经济利益的生产要素。人力资本是经济资本的一种，但真正得到重视并形成系统理论是在20世纪五六十年代第三次科技革命开始之后。此前，发达资本主义国家的经济增长方式主要是所谓"福特主义"，即一种以大规模生产为核心的资本主义积累方式，表现为生产机械化、自动化、标准化形成的流水线作业及其相应的工作组织形式，劳动者的积极性、创造性被扼制，只掌握相对简单的知识技能，投资则主要用于购买大型专业设备，通过加速资金周转来提高利润率。20世纪60年代，福特主义模式渐渐耗尽其潜能，以信息技术、生物技术、新材料技术、新能源技术、微电子技术等为先导的新技术革命出现，使发达资本主义国家的企业关系、国家与企业的关系、劳资关系都发生相应的变化，理论界也越来越重视人的知识、技能所表示的资本。美国经济学家加里·贝克尔（Gary S. Becker）在《人力资本》（1964）中把人力资本定义为与个体相关的知识、技能甚至身体健康，对人力的投资包括提高劳动者素质所需的教育、培训、保健费用，以及他们没有进行生产、选择学习所耗费的"机会成本"。今天人们使用的人力资本概念与贝克尔的定义基本相同。

　　社会资本不太容易量化和评估具体效用，其含义却比较容易理解。几乎每个人都生活在各种社会关系之中，某种稳定、持久的社会网络所集体拥有的资本可能会对其成员提供帮助。例如中西方传统社会的家族、宗族就会给其内部成员带来发展所需的资源。而现代社会的这种利益网络，不但部分延续了血缘、亲缘关系缔结的方式，还通过各种规范、信任、权威、行动上达成的共识以及社会道德来缔结。无论采取何种方式，社会资本的形成都有赖于一种长期持续的交往活动，不断强化个体对该社会网络的认同感，这种社会交往活动在最初可能并不是有利可图的，如师生关系、同学关系、战友关系、队友关系等等。相反，很多时候越是从一种非功利条件下产生的社会资本似乎越强大。对这一社会网络整体而言，它实际上在不断地复制出自己的成员，相对固定的体制已经预设了成员间的相互认同。

　　文化资本理论同样是第三次科技革命之后兴起的，在 20 世纪七八十年代走向成熟，在 90 年代产生广泛影响，社会学家比经济学家更喜欢在研究中使用这一概念。文化资本有时候会跟人力资本、社会资本混淆、混用，因为人力资本也涉及了精神性的人身资本，而社会资本常常与小到家族家庭、大到民族国家的文化背景或文化传统发生联系，例如弗朗西斯·福山（Francis Fukuyama）在他的代表作《信任：社会美德与创造经济繁荣》（1995）中就用"社会资本"一词覆盖了文化因素，认为经济发展只取决于经济资本、人力资本和"社会资本"，但他把"社会资本"定义为宗教、习俗和文化传统影响的结果。这里有必要做出一些辨析：与人力资本不同的是，当代文化资本理论讨论的是那些不容易量化评估、难以直接产生经济利益的因素，表现为人们对某种"文化原理"的掌控，具有较为明显的主体性、创造性，而人力资本主要与专业知识、科学技术相关，特别是一种完成由他人（比如雇主、顾客）已设定好的目标的能力；与同样不容易量化的社会资本相比，文化资本更多地涉及人的价值观、审美趣味、心理模式、性情倾向等，而不是社会关系的网络结构本身。这些差异在下文对西方文化资本理论的梳理中还会涉及。

3. 作为资本的文化

文化主要是指人类文明的精神方面，包括思维方式、价值观、审美趣味、伦理道德、宗教情感、民族个性等，可以表现为文学、艺术、新闻、知识等多种形式，寓于不同的物质载体中。文化一直伴随着人类发展的历史，但各历史时期的含义不尽相同，今天被讨论的"文化"其实是现代社会才建立的观念，这种民族共同体拥有的文化已经不仅仅是古代社会中上层阶级独有的读书识字、鉴赏艺术的精英主义生活方式，也包括普通人在日常生活中的文化意识和信仰。英国人类学家马林诺夫斯基（Bronislaw Malinowski）把文化定义为"器物、商品、技术流程、思想、习惯和价值"[①]，这一宽泛的定义表明，文化与经典的经济资本概念可能存在着共性。如果撇开有特殊意义的物质生产方式不谈，把生活中经常使用的狭义的文化（道德、信仰、价值观、审美趣味、风俗习惯、特殊的精神生活方式等）与马克思对资本的界定相比较，可以发现：文化同样是一种人类积累起来的劳动，可以在消费之外进行再生产，不断地自我复制和衍生。从古埃及、古巴比伦、古印度、古中国，到希腊、罗马、阿拉伯、墨西哥文化，再到近现代欧美文化，莫不如此，每一种文化也都有其发生、发展、成熟、衰落的过程。文化甚至可以独立于物质形态的生活方式而存在，比如古希腊城邦早已毁灭，其文化却通过典籍、建筑、艺术品流传下来。文化可以给它的拥有者带来政治、经济的或文化本身的收益。文化的生产、再生产体现了特定的社会关系、阶级关系，是一个历史范畴，可以进行政治经济学的考察。文化也有一种流动

---

① 参见马林诺夫斯基《文化论》，费孝通译，中国民间文艺出版社，1987。

性，不断进行着形态转化，有时是人们头脑中的东西，有时凝结到文化产品之中，有时被社会制度予以保护确认。

文化有不少的资本特征，为何马克思没有将其纳入考察的范围？其原因可能在于：首先，马克思生活的年代主要进行较为简单的机器大生产，其生产模式与今天新技术革命洗礼之后的生产模式有不小的差别，文化因素尚未凸显，在生产活动中的效用还不足以要求发展出关于它的一套资本理论。其次，马克思的资本理论限定在经济领域，他没有把经济以外的价值和回报看成一种收益。进行文学创作、文化创造的人，最初追求的主要是文化价值，获得的回报常常是专业领域和社会的认可，实现了精神文化价值的社会性生产和再分配，这种收益与经济利益相关联，但又不能与之等同。即使没有直接的经济回报，文化也可以进行自我复制和衍生。

是否所有的文化都可以看成一种资本？答案是否定的。并不是每一种文化实践的结果都值得人类去积累、传承、转化，只有"资本化"的，尤其是在国家制度或社会习俗保护下的文化才可以获得文化价值和经济价值。没有掌握特定的文化形式，就不可能获得他人的认可，普通人自娱自乐写出的习作显然不能与专业作家的作品相提并论；如果某种文化形式不是被个人和特定群体所专有的，例如文学家的著作权没有得到保护（即使没有直接经济利益，也要保证作家的署名权不被侵犯），文化也难以变成文化资本。

二 国外文化资本理论

布尔迪厄和古尔德纳都曾把文化资本思想的源头追溯到 19 世纪上半叶的法国思想家、"社会学之父"孔德（Auguste Comte）[1]，在

---

[1] Pierre Bourdieu, "The Production and Reproduction of Legitimate Language," *Language and Symbolic Power*, Blackwell, 1991, p. 43；古尔德纳：《新阶级与知识分子的未来》，杜维真等译，人民文学出版社，2001，第 22 页。

孔德的理论里，由语言传递的社会文化和由所有制传递的社会财富体现了一种相同的积累的规律。与孔德、马克思同时代的德国历史学派经济学家弗里德里希·李斯特（Friedrich List）在其代表作《政治经济学的国民体系》中阐述过一种"精神资本"理论，他认为生产力要素由物质资本和精神资本两部分构成，前者指生产中的物资工具，后者则是指个人所固有的或个人从社会环境和政治环境中得来的精神力量和体力，即人类知识积累所创造的生产力。李斯特这一观点既可以视为现代人力资本理论的先导，也可以视为文化资本理论的先导，因为他界定的精神资本包含了诸如民族精神在内的大量文化因素。文化资本理论真正走向成熟是在 20 世纪 80 年代，也就是布尔迪厄的学说对社会学和文化研究产生广泛影响之后。当代文化资本理论在对文化资本这一核心概念的界定上可以分为布尔迪厄式的社会学思路和传统政治经济学思路两条路径，在研究方向上则大致分成四类：①在布尔迪厄学说和古尔德纳的文化资本家理论影响下，对知识分子、社会阶层问题的研究。②在文化资本理论影响下，对教育问题的研究。③在文学批评和艺术批评中的应用。④对经济学研究的影响，包括在文化产业、文化创意产业研究中的应用。

1. 布尔迪厄的文化资本理论

布尔迪厄的文化资本理论出现在 1964 年前后，成熟于 20 世纪 70 年代，最初是他在里尔大学任教、研究法国学校教育问题的过程中，作为一种理论假设引入社会学的。[①] 这一假设试图说明不同阶层的孩子在学校成功与否，与该阶层占有的资本状况（文化的、社会

---

① 布尔迪厄研究文化资本问题的起点是《大学生及其学习》（1964）、《学校论述：语言误解与教授权力》（1965）等著述，参见德里克·罗宾斯《布迪厄"文化资本"观念的本源、早期发展与现状》，《国外社会科学》2006 年第 3 期，原文为 Derek Robbins，"The Origins，Early Development and Status of Bourdieu's Concept of 'Cultural Capital'，" *The British of Sociology* 56（2005）：13 – 27。

的）相对应，而不仅仅归功于孩子的天赋情况，或者像经济学家那样只计算在教育上的金钱投入。学校教育中一个值得关注的现象就是，教师可能从一开始就偏爱那些家教好、拥有某些文化资源的孩子，在招考、教学等各环节都鼓励他们与众不同的、优美的语言风格。布尔迪厄很大一部分理论成果都是围绕着法国的教育问题来阐述。

对于文化资本，布尔迪厄没有给出具体定义，他的方法是把马克思的资本概念扩大，为文化资本找到一个位置。资本关注的是其拥有者的收益问题，布尔迪厄首先修改了马克思关于"利益"的界定——众所周知，马克思坚持经济基础/上层建筑的二分法，在《资本论》中把利益（收益）严格限定在物质生活方面，文化属于被经济基础决定的上层建筑，缺少自身的利益诉求。尽管马克思也在《政治经济学批判》等著述中谈到过艺术发展与物质生活存在不平衡关系，认为两者并不是绝对成正比的，但总体而言文化都被看成一个缺少自主性的领域，"物质生活的生产方式制约着整个社会生活、政治生活和精神生活的过程"①，马克思也没有专门阐释过一种文化理论。为了建立关于整个社会结构的、一般的政治经济学，布尔迪厄假设人类所有实践行为的目的都与某种利益相关，这种利益不一定就是经济利益，比如作家创作文学作品、音乐家谱写乐曲的动机，有可能是赚钱养家糊口，也可能是出于寻求认同、理解社会、终极关怀等方面的需要。利益概念扩大之后，布尔迪厄还要解决收益的合法性问题。在马克思的理论中，资本所有者的利益是被资本主义生产关系、阶级关系所保证的，布尔迪厄把这种确保收益的权力关系扩大到了经济生活之外的文化的、社会的、符号的关系，他承认这些社会权力关系是一个历史范畴，但并未就此等同于资本主义。也就是说，当我们借用布尔迪厄的资本概念来谈论文化生产的时候，

---

① 《马克思恩格斯选集》第 2 卷，人民出版社，1995，第 32 页。

这种类似经济资本的收益并不能界定为资本主义的"剥削"。

这样，布尔迪厄就把资本划分为三种形式：①经济资本，可以直接转化为金钱，以财产权的形式被制度化；②文化资本，在某种条件下可以转变为经济资本，以教育资格的形式被制度化；③社会资本，由社会义务（社会关系）构成，在某种条件也能转变为经济资本，以社会头衔、社会身份的形式制度化。和马克思主义政治经济学相似的是，布尔迪厄认为三种资本之间存在一种结构上的同源关系，正如资产阶级在创造出巨大的物质财富之外也会创造出一些精美、纯粹的艺术品和文学作品那样，经济资本是这种同源关系的源头：

> 所以，我们必须假定经济资本是其他类型的资本的根源，但后面这些改变了的、做了伪装的经济资本形式是不能简化为经济资本的，它们具有独特的效果。不过，这些资本（对其拥有者）倒是掩盖了经济资本是它们的根源甚至是它们的效果的根源这一事实。①

布尔迪厄在批评经济决定论的简单化倾向的同时，以一种看似极端的形式把经济学上的利益原则推广到了整个社会生活领域，而且同样赋予经济资本在理论上的优先地位。但是，布尔迪厄描述的同源关系又不是经济决定论的，因为他揭示出这种经济资本对文化资本、社会资本的影响，很多时候恰好是以一种对抗的、颠倒的方式发生。他在《再生产》（1970）、《艺术的法则》（1992）等著作中一以贯之地把文化生产场视为相对自治的领域，这个"有限生产的次场"有着与经济生产相反的规则，"如同败者获胜的游戏那样，是

---

① 布尔迪厄：《资本的形式》，载薛晓源、曹荣湘主编《全球化与文化资本》，社会科学文献出版社，2005，第19页。

建立在对权力场和经济场的基本原则的一种倒置基础上的。它排斥对利益的追求，它不保证在投资与金钱收入之间任何形式的一致……"①。历史上不乏那种经济收益十分有限、在专业圈却获得巨大声誉的作家、艺术家，而且他们越是远离经济资本、"为艺术而艺术"，似乎越能积累起自己的文化资本和社会资本，现代文学中的波德莱尔、马拉美等人都是如此，福楼拜的《包法利夫人》因被司法部门指控"伤风败俗"而获得了意外成功。

　　布尔迪厄还阐述了文化资本的三种存在形式：①内化的形式（embodied state），即以精神或性情的形式存在，包括个人的教养修养、道德素质、审美趣味等，是行动者通过接受家庭教育、学校教育和自行学习等方式积累起来。这种身体化的资本是文化资本最重要的一种形态，它的积累有一定限度，随着人的生命和生活能力的消亡而消亡。②客观化的形式（objectified state），如文学、绘画、书籍、器具、艺术品、纪念碑等，作为一种物质形态是可以一代代传承的，这一点跟经济资本十分类似，而且比后者更加隐秘。③制度化的形式（institutionalized state），特别是教育文凭制度保证的文化资本。证明文化能力、学术水平的证书可以使其拥有者获得一种稳定的、约定俗成的利益，同时也在文化资本和经济资本之间设定了一种可以初步衡量的兑换率，还把身体化、精神形式的文化资本转变成社会整体层面可以量化考察的文化资本，这样一来，我们更容易谈论某国家、某城市的文化状况。因此，制度形态的文化资本是前面两种文化资本形式的中间状态。这种由官方认定的文化资本有时候甚至超越了个人实际拥有的文化资本，获得了相对独立性，比如选拔考试中被录用的最后一名，其专业能力、文化水平与被淘汰的候选人中的第一名相比，可能没有很明显的差距，但官方授予

---

① 布迪厄：《艺术的法则》，刘晖译，中央编译出版社，2011，第352页。

被选中者的合法资格却让两人拥有的文化资本有了很大差别。

布尔迪厄文化资本理论的另一要点是文化资本、社会资本、经济资本之间的转化，这也是当代文化研究、文化产业研究和城市学感兴趣的问题。如果我们不把资本限定在马克思政治经济学的意义上，那么这种转化现象其实古今中外都有，经济资本向另外两种资本的转化显得更加容易，即使在前资本主义时代也是如此：中国从秦代开始就有"捐纳"制度，富庶的士民可以向国家捐资纳粟以获得官职，改善其社会地位，监生等学术资格也是可以买到的。《祝福》里的祥林嫂是通过花钱"捐门槛"，才分享了被民间宗教组织管辖的文化资本。到了 21 世纪，英国政坛也还曝出过"贷款换爵位"的丑闻——英国工党在 2005 年议会选举前收取了近 1400 万英镑秘密贷款，这些向工党提供资助的富翁希望获得贵族头衔，进入上议院。布尔迪厄对不同类型资本之间转化的思考，直接受益于英国哲学家罗素（Bertrand Russell），按照后者的观点，物质财富、军事力量、社会舆论、民政机关……都是社会能量的一种，它们既不能看成从属的，也不能被孤立地分析，这些社会能量可以相互转化。布尔迪厄正是循着罗素的思路，把寻找社会力量之间转化的法则视为社会学的任务，他的贡献是把资本当作"社会物理学的能量"[①]，研究了各种形式资本之间的转化。

布尔迪厄对这种资本之间的转化持有一种审慎态度，他认为这种转化是很不确定的。所谓"象征的炼金术""社会炼金术""表征的炼金术"之类的表达只是一种比喻，并不是说文化资本就一定能带来经济利益。古代欧洲的"炼金术"与炼铜、炼铁不一样，其实从未炼出过真正的金子，反倒衍生出许多其他的化学、医学上的成就，选取这个词大概已经表达了作者的立场。

---

① 布迪厄：《实践感》，蒋梓骅译，译林出版社，2009，第 193 页。

布尔迪厄批评了社会学研究中的两种倾向：一种是经济主义的立场，即把文化资本、社会资本最终都简化为经济资本，忽视其他类型资本产生的不同社会效果；另一种则是当时西方理论界所热衷的符号学、结构主义、民族学的方法，后者同样有一种简化论倾向，把社会交换仅仅当作交往活动来分析，忽视了实际存在的各种学科被简化为经济学这一严酷事实。布尔迪厄认为，不同类型的资本不仅具体效用不同，其积累、再生产的难度也是不一样的，传承的方式更不一样，这种不可比性为转化带来了高度的不确定性。经济资本显然更容易积累、管理和转化，而文化资本不太稳定，其代际传承会面临更大的风险，比如学术头衔就不能像贵族头衔或者一笔财产那样被下一代人继承，也不能像股票、证券那样转让给他人。而且文化资本的传承本身就预设了经济资本的消耗，比如家庭内部拥有的文化资本传给下一代，这个过程当中既有文化资本的投入，也有对家长时间、精力的消耗。西方发达国家有不少主妇特别是多子女家庭的母亲，往往不上班，在家专门带孩子，其实就是用经济资本"购买"家长的自由时间。一种相对稳定的转化机制只有由国家或者社会设定"兑换率"来实现，教育文凭制度就是这样一种调节手段。

> 国家是各种资本集中过程的结果……不同种类的资本的集中（与相应的不同场域的建构同时进行）导致某种特殊资本，确切地说，国家资本的出现；这一特殊资本使国家能够对不同场域、不同种类的特定资本，尤其对这些不同种类资本之间的汇兑率（同时对这些资本持有者的力量关系）行使权力。①

经济资本、社会资本、文化资本之间的关系是具体而复杂的，

---

① 布迪厄：《实践理性：关于行为理论》，谭立德译，三联书店，2007，第88页。

既包含了对抗又有相互转化。揭示文化生产、文化消费、婚姻家庭等不同场域中各种资本的相互关系以及其背后的权力关系，正是布尔迪厄研究计划的重要组成部分。布尔迪厄的文化资本思想从《再生产》开始形成了系统理论，《实践理性》《实践感》等著作从总体上分析了社会实践的逻辑，其中关于象征性仪式、认知图式以及文化信念等表述是文化资本理论的重要内容；《再生产》《学术人》《国家精英》等是布尔迪厄研究法国学校教育的重要学术著作，探讨了文化资本积累的影响因素、社会功能以及家庭学校与文化资本之间的关系等问题。《艺术的法则》主要讨论了文化艺术生产场域的特殊规律，也是研究文化资本理论的重要资料。《关于电视》则讨论了商业逻辑对于新闻生产场和科学生产场的影响，指出文化场域的场域自主性正在受到威胁。《区隔》则是研究不同社会阶层"惯习"的著作，书中提出了一个描述与阶级结构以及文学与艺术场域相关的权力场域图式，并分析了不同阶层的经济资本、文化资本分布情况。《男性统治》提到的男性统治背后的性别利益和文化认知以及制度性控制等也都是文化资本所分析的内容。

2. 古尔德纳的文化资本家理论

阿尔文·古尔德纳（Alvin Ward Gouldner）同样是在20世纪70年代提出了系统的文化资本理论，但他的研究思路与布尔迪厄不太一样，跟马克思的阶级分析方法反而更接近，而马克思也曾谈到过"中间阶层"的问题。古尔德纳认为，20世纪涌现的新一代知识分子是一群利用自身文化直接赚取经济利益的"文化资本家"，"任何东西只要对经济价值和财富的生产作出了贡献，并使它的所有者获得了实际的报酬，就会成为资本"[①]。古尔德纳认为马克思的局限在于把劳动价值只计算在简单体力劳动中——随着劳动分工的加深和

---

① 古尔德纳：《新阶级与知识分子的未来》，杜维真等译，人民文学出版社，2001，第19页。

技术进步，被固定在自己位置上的工人只是在进行"非文化"操作，文化功能基本上都划给了管理者和企业家。新的历史经验提出了建立更加普遍的政治经济学的要求，而传统的金钱资本只不过是"资本主义"的一个方面。古尔德纳没有专门解释文化资本跟一般的经济资本，特别是人力资本有什么本质区别，他只是从总体上对以文化资本取得收益的新阶级做出了界定，他认为文化资本是每个阶层包括资产阶级、工人阶级都可以拥有的，但新阶级拥有的这一资本数量巨大，这群人（包括左派知识分子、专业技术人员、大众知识人等）都有一种共同的精致的语言方式、一种谨慎的批判式话语，这种话语喜欢从理论角度论证自身合法性、反对资产阶级的权威，并不断地进行自我反省和修正。根据古尔德纳的理论，一般劳动者与文化资本家的区别就在于：前者的技术型知识在其全部精神层面的能力中占有支配地位，其作用要大于文化反思能力，文化资本家则恰好相反（类似于我们所说的"匠人"和"知识分子"的差别；不仅仅是人文知识分子，那些有批判反思能力的掌握科学技术的知识分子也在古尔德纳的文化资本家范围内），普通知识匠人的教育投资往往只获得一般性回报，无法获得更大的资本收益。古尔德纳甚至充满激情地宣布，新阶级已经同控制社会经济的商人或政党领袖展开激烈斗争，是文化资本给予了他们与旧阶级讨价还价的能力。

　　古尔德纳和布尔迪厄的主要分歧在于，后者明确把文化资本的收益与经济资本、社会资本区别开来，如果把传统的经济资本作为标准，文化更多时候只是在功能性隐喻意义上使用资本的概念，"文化资本往往首先是作为一种符号资本而起作用的，即人们并不承认文化资本是一种资本，而只是承认它是一种合法的能力，一种能获得社会承认的（也许是误认的）权威"[①]，也就是说文化生产有自身

---

　　① 布尔迪厄：《资本的形式》，载薛晓源、曹荣湘主编《全球化与文化资本》，社会科学文献出版社，2005，第9页。

的规律，首先是一种符号生产，是不可以简化为物质生产的。而古尔德纳认为"不存在任何隐喻，新阶级的特殊文化就是可以为个人创造出大量收入的资本"①。古尔德纳对两种资本不加区分、只看经济效果的理论建构留下了不少的疑点。正如比尔·马丁（Bill Martin）和伊万·塞勒尼（Ivan Szelenyi）分析的那样，这里的文化资本是一种精神层面的能力，不可能与个体分离，没有像经济资本那样损耗并转移到每一个产品中去②，它怎么能够像马克思所揭示的生产出并实现剩余价值呢？其次，文化资本的作用是相对单一的，它不能像经济资本那样很自由地进行估算、转化、累积、继承，不具备货币资本的一般等价物功能，比如雕塑家和作家拥有的文化资本并不保证他们在对方的专业领域内有发言权，而经济资本在不同行业之间转移却是常有的事。最后，古尔德纳认为"文化资本家"可以和经济资本家分享经济利益，他又没有把文化资本视为新阶级独占的资源，那种作为新阶级共同特征的批判性话语也不等于带来经济利益的文化资本；相反，由于批判性话语挑战旧阶级的权威，很可能正是获得经济利益的阻碍。这种十分专业化、理论化的批判性话语能否解决与社会实践疏离的问题，能否抵御工具理性的侵蚀……众多尚未解决的问题导致这个理论上已经"成长起来"的阶级在现实中是较为松散的，法国1968年学生运动中知识分子的不同态度其实已经说明了这一点。

古尔德纳的文化资本家或新阶级理论在实际应用中面临一些困难，知识分子对生产过程的影响和支配能力有被高估的嫌疑，但他的理论是对晚期资本主义社会演变的研究成果，形象地概括了20世纪70年代左派知识分子、专业技术人员、大众知识人的某些共同特

---

① 古尔德纳：《新阶级与知识分子的未来》，杜维真等译，人民文学出版社，2001，第16页。

② 比尔·马丁、伊万·塞勒尼：《超越文化资本：走向一种符号支配的理论》（1987），载薛晓源、曹荣湘主编《全球化与文化资本》，社会科学文献出版社，2005，第316页。

征，从总体上获得了一种宣言书式的效果，引起人们对文化资本问题的重视。

3. 文化资本理论的延伸

布尔迪厄和古尔德纳都没有给文化资本下一个明确的定义，他们只是描述了这一术语在何种语境下应用，这种开放性的概念存在一些争议，但也容易被不同学科的研究者借鉴、利用和改造。这种理论建构方式跟20世纪六七十年代西方理论界兴起的后结构主义思潮有一定关系，尽管布尔迪厄等人不属于后结构主义的理论流派，却试图避免此前流行的结构主义学说的某些弊端。布尔迪厄把文化系统视为人类主观建构的结果，这种历史建构源于特定群体的活动和利益，是"资本"把这一群体与其他群体的不对等关系合法化了。为了阐述文化系统的这种联系主体与客体的特征，布尔迪厄还引入另一个重要理论术语"惯习"（habitus），同样是把人的心性结构、性情倾向、生活风格视为一种在具体的社会实践中被塑造、建构出来的系统。对文化资本的研究被布尔迪厄自己称为"生成的结构主义"或"建构的结构主义"，人的性情其实是处于"不断地被结构形塑而成，又不断地处在结构生成过程之中"①。

古尔德纳的文化资本理论既是"经济主义"的又关注了新的社会冲突，容易引起重视并应用到相关研究中；布尔迪厄的文化资本也有内化、客观化、制度化的三种表现形式，他所揭示的这种资本背后的权力关系无处不在，对文化资本的研究也可以延伸到教育、道德、宗教等各领域。20世纪80年代以来，文化资本理论得到了广泛传播和应用，进入美国理论界之后与少数族裔问题、女性主义也多有交叉。理论界在文化资本概念的改造利用上多少显得有些混乱，依据不同的学科领域可大致归纳为四个方面。

---

① 布迪厄、华康德：《实践与反思》，李猛、李康译，中央编译出版社，1998，第165页。

其一，在社会学领域的延伸，包括对文化资本理论的系统研究以及对知识分子、社会阶层问题的分析。理查德·哈科尔、切林·马哈和克里斯·维尔克斯主编的《布尔迪厄著作导论》①、理查德·舒斯特曼（Richard Shusterman）主编的《布尔迪厄批评读本》（1999）是较好的布尔迪厄研究汇编，理查德·詹金斯的《布尔迪厄与决定论的再生产》（1982）、霍内斯·塔尔伯特的《符号形式的碎片化世界：对布尔迪厄文化社会学的反映》（1986）等文章都对文化资本理论提出了有价值的批评。戴维·斯沃茨（David Swartz，1997）的《文化与权力》从文化与权力的关系这个核心命题出发对布尔迪厄学说进行了系统梳理，他把文化资本理论称为"关于符号权力的政治经济学"。约翰·霍尔（John R. Hall，1992）的《文化：社会学的视野》在研究大众生产时代社会分层与文化问题上，充分借鉴了文化资本理论。马特·莱特（Matt Light，2000）分析了19世纪中期至20世纪中期，波罗的海地区一批掌握德语文化的人群，他们在充当"俄国－欧洲"纽带时期积累了文化资本，却经不起后来的政治冲击，最终在二战后被遣返回德国，通过这一考察阐述了文化资本在与其他资本对抗中的脆弱性。② 米歇尔·拉蒙特（Michele Lamont）和安妮特·拉鲁（Annette Lareau）扩展了布尔迪厄和帕斯隆（Jean Claude Passeron）关于"再生产"的研究。在《文化资本：近期理论研究中的暗指、裂隙与滑奏》（1988）这篇颇具影响力的研究论文中，拉蒙特和拉鲁提出了一种新的聚焦于文化排斥、社会排斥现象的文化资本概念，并考察了法国背景的文化资本理论移植到美国文学和文化研究中的可能性。③ 比尔·马丁（Bill Martin）和

---

① *An Introduction to the Work of Pierre Boudieu*, New York: St. Martin's Press, 1990.

② 马特·莱特：《文化资本的政治表现》，载薛晓源、曹荣湘主编《全球化与文化资本》，社会科学文献出版社，2005，第146～170页。

③ Michele Lamont and Annette Lareau, "Cultural Capital: Allusions, Gaps and Glissandos in Recent Theoretical Developments," *Sociological Theory* 6 (1988): 153 – 168.

伊万·塞勒尼则呼吁超越文化资本，走向一种新的更全面的符号支配理论。[1]

其二，文化资本理论为教育学、教育社会学提供了重要的理论武器，尤其能够阐释父母参与教育的重要性。安妮特·拉鲁利用文化资本理论对工人阶级、中产阶级社区的白人"家庭－学校"关系做了定性研究，只要是家庭生活中的社会、文化因素可以为满足教师的需求提供便利因素，这种因素就可以视为一种文化资本。保罗·迪玛吉奥（Paul DiMaggio）认为布迪厄在社会学领域建立了"自从帕森斯以来可能是最典雅的和最广泛的理论系统"，他把布尔迪厄理论和文化社会学的几个主要的亚领域相连，特别是通过长达11年的跟踪调查，分析了家庭文化资本在孩子的教育程度等方面的深远影响。[2] 以文化资本理论研究教育问题的著作非常多，有代表性的论述还有戈迪纳和马龙的《大都市中学的群体差异：种族、阶级、性别和文化的影响》（Group Differentiation in a Metropolitan High School：The Influence of Race，Class，Gender and Culture，1985）等。

其三，在文学、艺术、传媒等领域的应用。布尔迪厄研究文学生产场域的《艺术的法则》就是以福楼拜的经典小说《情感教育》为主要案例，其研究和写作方式本身就被很多文学评论家所借鉴。文化资本也被引入文学经典问题的研究，例如约翰·杰罗瑞（John Guillory）的《文化资本：论文学经典的建构》（1993），该书在美国文学批评界有一定影响，借鉴文化资本理论重新界定了美国20世纪70年代以来的文化转型，并把有关文学经典的讨论移到社会学领域，从而影响了美国学界围绕文学价值、社会身份认同以及少数群

---

① 比尔·马丁、伊万·塞勒尼：《超越文化资本：走向一种符号支配的理论》（1987），载薛晓源、曹荣湘主编《全球化与文化资本》，社会科学文献出版社，2005，第329页。

② Paul DiMaggio, "Cultural Capital and School Success: The Impact of Status Culture Participation on the Grades of US High School Students," *American Sociologiacl Review*, 47 (2), 1982.

体表述等问题的论战。从事艺术社会学研究的维拉·佐尔伯格（Vera Zolberg）组织了对布尔迪厄后期理论的研究，对《摄影：一种中产阶级趣味的艺术》（1990）进行了分析。此外，还有不少从事文化研究的学者结合布尔迪厄的文化资本以及"惯习"的理论，对不同阶层文化趣味和消费文化进行研究。保罗·福塞尔（Paul Fussell）的《格调：社会等级与生活品位》、乔安妮·恩特维斯特尔（Joanne Entwistle）的《时髦的身体》等都讨论了不同生活品位对社会阶层的"区隔"作用。

其四，在经济学研究中的应用。直到 20 世纪 90 年代，文化资本理论才对经济学研究产生了一定的影响，传统的发展经济学家在研究增长方式、解释经济绩效的时候，通常只把科学技术等因素作为内生变量，极少考虑文化资本或文化因素。出现这种局面主要有三个原因：①传统的经济学模型都是建立在理性、信息和利益最大化原则基础上，文化资本因其自身规律对传统经济学而言是一种异质存在；②文化资本难以量化评估；③即使可以量化评估，也不太容易把它整合到原有的经济模型中去。随着文化在经济发展中的作用日益明显，经济学家们逐渐意识到，原有的人力资本概念无法解释经济绩效中的一些现象，而这些现象正是文化资本带来的。贝克斯（Fikert Berkes）和福克尔（Carl Folke）就认为要解释人类如何将自然资本用于创造物质资本，必须在理论上引入"第三种资本"，即文化资本[1]。直到现在，经济家们也没有提出能准确测算文化资本的理论模型，但是随着文化产业兴起，文化资本理论得到了更多的应用。

4. 文化产业研究中的文化资本理论

文化产业研究与本题目直接相关，是经济学与社会学、管理学、

---

[1] Fikert Berkes, Carl Folke, "A Systems Perspective on the Interrelations between Natural, Human – Made and Cultural Capital," *Ecological Economics* 5（1992）：1 – 8.

文化研究等多个学科的交叉领域。在使用文化资本概念之前，研究者已经开始讨论文化产业"无形资产""无形价值"的问题，与文化资本理论的研究对象有部分重叠。无形资产既包括著作权等文化类资产，也包含了专利技术、土地使用权等经济类资产，还有一些诸如商标权的"兼容"类型。以研究文化产业园区著称的美国经济学家德瑞克·韦恩（Derek Wynne）[①]，以及研究全球化与文化认同问题的社会学家乔纳森·弗里德曼（Jonathan Friedman）[②] 等人都讨论了无形资产的风险收益和发展问题。推动文化资本思想进入文化产业研究的还有经济学家约翰·霍金斯（John Howkins，2006）的创意经济理论。这位英国"创意产业之父"在《创意经济：人们如何从思想中创造金钱》（1998）一书中提出，现代文化产业的核心价值并不是来自经济资本或土地，而是人们的想象力。创意就是催生某种新事物的能力，其收益体现在知识产权方面。霍金斯把知识产权称作"新世纪的货币"，包括最常见的4种类别：版权、专利、商标和设计，他还把新时代的文化产业分成15类：广告、建筑、艺术、工艺、设计、时装、电影、音乐、表演艺术、出版、研发、软件、玩具和游戏、电视和收音机、视频游戏。霍金斯在描述"创意"时强调它的作用不容易被人们察觉，有着与工业经济不同的标准和规律，有知识产权保证下的收益，这三点其实与文化资本理论十分近似，只不过他没有使用资本概念，他把"创意经济时代"与"资本时代"对立，某种程度上只是为了取得理论的修辞效果，并不能改变创意获得资本收益这一事实。

澳大利亚经济学家戴维·思罗斯比（David Throsby）的文化产业

① Derek Wynne, *The Culture Industry：The Arts in Urdan Regeneration*, Ash Gate Publishing Compangy, 1992.

② Jonathan Friedman, "Being in the World：Globalization and Localization," *Theory Culture Society* 7 (1990)：311 – 328.

研究是文化资本理论应用于经济学的一个成功范例，他围绕这个问题的系列论述有较大的影响。思罗斯比认为，文化产品兼具文化价值和经济价值的特性是文化资本概念得以建立的基础，如果将文化产品仅看作传统类型的经济资本的产物，则不能充分解释它们对人类发展和经济的影响。思罗斯比的文化资本概念基本上脱胎于布尔迪厄，但以经济学的价值尺度重新进行了定义，他把文化资本与经济学里的物质资本、人力资本、自然资本（自然界里的可再生、不可再生的资源）并列，仍然是把文化资本作为经济学考察的第四种资本，而不是像布尔迪厄那样把经济资本、社会资本、文化资本三者并列。

除此之外，思罗斯比也没有沿用布尔迪厄关于三种形式文化资本的划分，而是按照此前经济学界的讨论方式区分了"有形文化资本"和"无形文化资本"两大类别：前者是指被赋予了文化意义的建筑、遗址、庭院、场所和绘画、雕塑等艺术品、工艺品，这一部分文化资本是可以像物质资本那样损耗并转移其价值的；后者是指特定群体共享的思想、习惯、实践、信仰和价值观等，表现为文学、音乐等作为公共商品的艺术品，这些无形的文化资本同样可以提供服务，并形成部分的私人消费，最终导致新的文化商品出现。思罗斯比把这两种形式的文化资本都视为经济发展的资本存量，但也做出了区分：无形文化资本的文化价值只有未来收益权（例如文学作品的版权）是可以交易的。思罗斯比不仅重新定义了文化资本的概念，还提出要测量文化资本在经济生产中的具体作用，这也是经济学家们普遍关心的。他认为，文化资本理论会使得当代经济学超越新古典主义经济学，继人力资本、自然资本之后出现的文化资本将会进一步提高经济增长模型的现实解释力。思罗斯比在《文化资本》（1999）一文中提出了一个测算文化资本对经济增长作用的公式[①]，建议像估算自然资本一样来测

---

① 戴维·思罗斯比：《文化资本》，载薛晓源、曹荣湘主编《全球化与文化资本》，社会科学文献出版社，2005，第547页。

度文化资本。不过这个公式也只是一个笼统的理论模型，公式中的各变量分别对应何种估算指标，他也没有讲清楚。同时他还承认，文化资本的文化价值和经济价值各自独立又相互影响，"在文化资本资产的文化价值与经济价值之间可能存在相关性，但这种相关性绝非百分之百"[①]。

从事文化产业研究和其他从事社会学、教育学、文化研究的学者，都是从各自的学科视角来看待文化资本的问题，尽管该理论还有许多不完善之处，却可以在经济学与文化之间架起一座桥梁，文化资本理论深化了我们对文化生产的认识。目前全球范围内的文化产业、文化创意产业方兴未艾，这种结合和研究还在进行之中。

三　国内文化资本理论

文化资本理论引进入中国理论界的时间并不长，但随着近年来国内的文化消费扩大和文化产业井喷式发展，相关的研究文献迅速增多。我国的文化资本研究同样可以按照学科大致分为文化资本的基础理论、社会学和教育学、经济学和管理学、城市学以及文学批评等几大类。这些研究成果与西方文化资本研究相比有一个显著的特征：布尔迪厄、古尔德纳等人包括后来文化产业研究领域的学者大都强调了文化资本是被私人占有的一种人身资本，因此才会给资本所有者带来收益；而中国的文化资本研究较多地把文化资本理论扩展到了个人、群体之外的企业、城市等范畴，本书的题目也与此相关，但需要注意的是：在研究过程中应当具体分析文化何以变成资本、文化资本的利益主体是谁，而不能泛泛而谈那些具有公共物品特征的、被群体共享的地方文化，或者将其等同于原有的"文化

---

① 戴维·思罗斯比：《经济学与文化》，王志标、张峥嵘译，中国人民大学出版社，2011，第51页。

资源"一词，否则就丧失了资本固有的意义。

1. 基础理论研究

目前，布尔迪厄的著作已经有近二十种出版了中译本，其中大部分都涉及文化资本理论和文化生产的问题，此外还有包亚明主编《文化资本与社会炼金术》（1997）、台北麦田出版社的《布赫迪厄反思社会学文集》（2012）等布尔迪厄作品选编。阿尔文·古尔德纳、约翰·杰罗瑞、戴维·斯沃茨等人关于文化资本的研究著作也被译成了中文。薛晓源、曹荣湘主编的《全球化与文化资本》（2005）一书收录了较为丰富的布尔迪厄和其他当代学者关于文化资本理论的论文。专门研究布尔迪厄社会学及文化资本理论的国内著作列举如下：高宣扬的《布迪厄的社会理论》（2004）和《当代法国思想五十年》（2005）用较大篇幅梳理布尔迪厄的文化资本理论，特别是对文化资本的再生产有详细的阐述。朱国华的《权力的文化逻辑》（2004、2017）关注了布尔迪厄理论中的文化生产场域、知识分子等问题，也是国内较早系统介绍布尔迪厄理论的著作之一，后经过大幅增删重新出版。台北桂冠出版社组织了一套文化资本系列研究丛书，其中社会心理学教授邱天助的《布尔迪厄文化再制理论》（2002）研究了文化资本理论中的文化再生产问题，舒嘉兴的《新闻卸妆：布尔迪厄新闻场域》研究了新闻生产场运行机制。这些著作对于系统梳理和深入研究文化资本理论既提供了资料和可资借鉴的思路。博士学位论文方面，张意《文化与符号权力：布尔迪厄的文化社会学导论》（2005）是国内第一部系统深入介绍布尔迪厄文化理论的博士学位论文，有较高的学术价值。陈锋的博士学位论文《文化资本导论》（2005）是对文化资本理论的系统梳理，后修改为《文化资本研究：文化政治经济学构建》（2016）一书出版。其他关于文化资本的博士学位论文还有李沛新《文化资本论：关于文化资本运营的理论与实务研究》（2006）、陈治国《布尔迪厄的文化资本理论》（2011）等。

2. 社会学、教育学领域的应用

西方文化资本理论与社会学、教育学直接相关，布尔迪厄、帕斯隆合著的《再生产》副标题即是"一种教育系统理论的要点"，文化资本理论对于研究转型期的中国社会和中国的教育问题有着重要意义。这两类研究著作不在少数，其中属于社会学或文化社会学范畴的包括：刘小枫《个体信仰与文化理论》（1997）收录的《国家权力与社会权利之间的个体学术》是国内较早利用文化资本理论分析现代学术生产场域的文章，也颇具深度，他援引古尔德纳、布尔迪厄的理论来分析文化实践中的阶级冲突，将布尔迪厄理论与沃勒斯坦、福柯、葛兰西、舍勒等人的学说进行比较。与许多国内研究者以经济主义的方式使用文化资本概念不同，刘小枫批评了布尔迪厄理论中的意识形态倾向，因为在后者的理论中，文化资本所表示的符号支配的权力把现存的政治、经济关系合法化了，文化资本的再生产有助于不平等的社会关系在代际间传递。刘小枫认为布尔迪厄的理论"夸大了文化秩序中的政治权势争夺"[①]，否定了文化本身的先验性品质。文化资本理论还被应用于社会学研究的其他亚领域，如周宪的《文化工业—公共领域—收视率：布尔迪厄的媒体批判理论》从大众文化批评的角度分析了布尔迪厄有关新闻生产场的理论；陶东风的《文化资本的争夺与知识分子的分化》一文，将布尔迪厄对知识分子与资本及利益的思考，引入当代中国知识分子社会位置和角色及其变迁的考察之中；许荣的《中国中间阶级文化品位与地位恐慌》借助布尔迪厄的文化资本理论分析了我国新阶层的文化消费观和文化品位及其生存心态；包亚明、朱伟环、宫留记等学者也贡献了文化资本理论的著述。

教育学或教育社会学领域的文化资本研究很多，主要涉及家庭

[①]　刘小枫：《国家权力与社会权利之间的个体学术》，《个体信仰与文化理论》，四川人民出版社，1997，第635页。

文化资本与学校教育的关系问题，也有以城市居民为考察对象的文化资本－教育研究。其中较为深入的著作包括：杨东平的《中国教育公平的理想与现实》（2006）借鉴布尔迪厄的文化资本理论讨论了教育水平与家庭背景、阶层之间的关系，书中考察了经济资本、社会资本和文化资本对高中教育机会、高等教育入学机会获得的影响，作者的结论是在家庭背景对高中生进入不同学校的影响中，社会资本的重要性要高于文化资本和经济资本。台湾师范大学周新富的《布尔迪厄论学校教育与文化再制》（2005）将布尔迪厄的文化再生产理论应用于学校教育的研究，文化再生产即是指文化资本不断循环运动的过程。田玲的《北京大学生存心态及其再生产》（2003）在丰富的历史档案和调研数据基础上，以文化资本理论解析了北京大学"生存心态"的起源、现状，提出了北大生存心态的"再生产"问题。孙远太通过对上海城市居民的经验分析发现，文化资本在教育转换（主要是升学）中的作用得到支持，但文化资本作用具有变动性特征，在较高阶段的教育转换中，文化资本作用有减弱的趋势。[①] 他的著作《文化资本与教育不平等》（2013）从家庭文化资本角度切入教育不平等问题。

3. 经济学、管理学领域的应用

经济学领域的研究者们讨论了文化资本对经济增长的促进作用、机制、路径等，不过总体上没有脱离以往文化经济学研究的路子，并未关注文化资本背后的符号权力意义，只是关心文化产品总体经济价值的提升。厉无畏认为文化是能带来价值增值的资本，商品价值的提高不仅取决于使用功能、技术质量的改进，更会由于文化含量的增加而上升。[②] 皇甫晓涛的《文化资本论》（2009）借鉴布尔迪

[①] 孙远太：《文化资本与家庭地位、教育分层——以上海居民为例》，《教育学术月刊》2012年第 7 期。

[②] 厉无畏：《文化资本与文化竞争力》，《文汇报》2004 年 5 月 24 日。

厄的理论分析指出，当代经济发展所需的资本不应当局限于传统的货币资本，资本"时而是以非货币的身份进行资源流通，时而是以非商品的形态进行市场交易，时而又是以非产权的内容进行符号扩张"，引入文化资本概念可"破解文化资本与文化金融创新难题"①，随后提出了文化产业发展所需的"创意资本""媒介资本""符号资本""区域资本""生态资本""安全资本"等一组文化资本的概念群。高波、张志鹏认为文化资本"是决定经济增长的一种关键性生产要素和最终解释变量"，文化资本的作用体现在报酬递增和影响人们对资源、技术、制度等要素的选择。② 欧阳强提出利用文化资本来构建一种先进的循环经济文化模式，并认为缺乏文化资本投入使得经济发展进入了"低水平均衡陷阱"。③ 李娟伟《异质性文化资本与中国经济增长》（2017）提出了传统文化资本、市场文化资本影响中国经济增长的三个理论假说，用计量方法省域面板统计数据进行实证分析。徐望《文化资本时代的中国文化产业论》（2017）拓展了经济学视角下的文化资本理论，提出了"文化资本时代"这一命题。

　　文化资本在企业管理类研究中的应用，主要沿着经济学界研究东亚国家崛起与儒家文明关系时的一些思路，考察企业经济运作背后有何种文化在影响企业的组织结构、制度和惯例，等等。当前，无论是中国的国有企业还是私营企业，纷纷重视企业文化、企业精神的塑造，有的是向优秀外国企业、外资企业学习，也有的倾向于向中国传统商业文化和商业伦理回归，晋商、徽商之类题材的书刊和影视作品颇为流行。研究者们把企业理念、企业家精神、企业经

---

① 皇甫晓涛：《文化资本论》，人民日报出版社，2009。
② 高波、张志鹏：《文化资本：经济增长源泉的一种解释》，《南京大学学报》（社会科学版）2004 年第 5 期。
③ 欧阳强：《文化资本投资与经济增长关系的研究》，2005 年中国第五届经济学年会论文。

营宗旨、企业的文化品牌和美誉度、企业的家族经验模式等都纳入文化资本研究考察的范围。有研究者整合出"企业文化资本"这一概念，例如王宗起认为企业的人力资本可以和时代精神、民族文化相结合，融合成企业发展所需的文化资本[①]。蒋萍在《企业文化资本的扩张性及扩张力度探析》一文中认为企业的文化资本和经济资本一样，都推动了跨国公司的发展，加速了全球经济一体化。李丽的《文化资本与企业发展研究》（2004）是研究企业管理与文化资本关系的第一篇博士学位论文，此外，她与宁凌合著的《企业发展的核心要素：文化资本》讨论了新制度经济学中的文化价值观，企业文化和社会资本如何影响企业的业绩，还通过生态经济学的视角分析了企业可持续发展的意义等，并用海尔集团的成功案例分析了企业文化发展的问题。与西方文化资本研究不同的是，该书的理论基础基本都是在经济学领域之内，尚未脱离过往的研究模式。王雪野《国际文化资本运营》（2008）也主要是在经济意义上谈论"文化资本"，跟布尔迪厄的概念区别较大。高波的《文化资本、企业家精神与经济增长》（2011）把企业家精神看成一种文化资本的不断积累，他以浙商与粤商成长经验为案例进行分析，认为企业家的文化资本决定了创业、创新的数量和质量，最终影响经济增长。乐国林的《文化资本与企业成长关系研究》（2010）是企业管理研究领域使用文化资本理论的一部优秀著作，他梳理了布尔迪厄的文化资本理论并从管理学的意义上进行了重新定义，从内涵、结构、性质、功效等方面进行了企业文化资本的理论构造。他试图避免以往研究缺乏定量分析的缺陷，在书中提出了一组关于企业成长中文化资本"功效协同"（即不同种类的文化资本在企业不同成长阶段，在与组织管理系统的互动中实现一种整合演化）的调查分析。

---

① 王宗起：《论企业文化资本的培育》，《化工技术经济》1998 年第 2 期。

4. 城市学领域的应用

随着中国城市化进程的不断加快，城市学、城市文化规划、城市文化研究逐渐成为"显学"，如何利用文化资源推动城市发展和城市更新成为研究的主要问题之一，文化资本理论为研究者们提供了一项重要的理论武器。"文化资本"一词不仅在城市研究的学术论著中出现，也进入了大众传媒，在对城市发展、城市规划建设的新闻报道和评论中出现。

对城市范围文化资本的研究见于不同学科背景学者的著述，张鸿雁近年来进行的研究是其中影响较大的，他的《城市形象与城市文化资本论：中外城市形象比较的社会学研究》（2002）主要采用城市形象学视角，对文化资本理论只是稍加利用，而在此后的《城市文化资本论》（2010）一书中完成了他的城市文化资本理论建构。他在书中借鉴布尔迪厄对于文化资本符号价值的界定，强调城市文化资本的文化属性，即在隐喻意义上使用资本概念，这一视角是有别于经济学家们对文化资本概念的使用方式的。他在全书的理论建构中也延续了此前城市形象学的一些思路，把城市形象设计定位、城市景观符号等符号意义上的文化资本作为阐述的主要对象，并增加了城市精神理念、城市文化基因的内容。在《城市文化资本论》结论部分，他总结了"城市文化资本"的六大属性：其一，城市文化资本是以公共财富形式被制度化的，公共性是城市文化资本的最大特征。其二，具体状态方面，城市文化资本无论在群体还是个人方面，都有精神、身体、性情的属性价值。其三，客观状态上，城市文化资本表现为精神文化和物化的文化要素以及广义上对社会进步具备正面价值的事物。其四，体制状态上，由于城市文化资本具有公共性，不同制度文化对其制度安排是不同的。其五，城市文化资本通常表现了一定制度下"群体性"的"具体化"和"实体化"过程，也就是说通过群体性行为创造的，比如历史文化遗存。其六，城市文化资本具有社会阶层属性。①

  许德金、冯捷蕴等的《后奥运时代北京文化资本与城市形象》（2012）是少有的直接以北京文化资本为题的研究著作，上篇是文化资本的理论研究和以北京798艺术区、尤伦斯文化艺术中心为对象的个案分析，下篇是奥运前后北京文化旅游的论文，与论题没有直接关系。该书在梳理布尔迪厄理论及当代城市文化资本理论基础上提出，应当以城市为单位，建立评估文化资本构成及其影响指数的模型和评估体系，进行实证效果分析和定量分析。在评价布尔迪厄文化资本理论时，作者认为布尔迪厄最大的不足是只强调文化的"资本化"，而没有论证反向的"资本的文化化"，"正是认识到资本文化化的巨大经济价值，西方发达国家才在20世纪后半期加大了资本文化化的力度，借着所谓的全球化和经济援助，打着经济资本比如外部直接投资的幌子，卖的却是西方文化这贴屡试不爽的膏药"②。这一论断看到了全球化语境中民族文化的发展危机，但可能对布尔迪厄有所误解，因为后者在《文化的形式》这篇传播最广的文化资本研究文献中指出，绝大多数的物质资本都可以用文化资本或社会资本这样的非物质形式表现出来，把经济资本假定为其他类型资本的根源，正是布尔迪厄的一个理论前提，也是被西方研究者批评较多的地方。也正因为如此，刘小枫等学者才会认为布尔迪厄夸大了政治经济关系对文化秩序的影响。

  5. 文学和艺术批评领域

  布尔迪厄以福楼拜小说《情感教育》展开研究的著作《艺术的法则》，实际上把他的社会学理论中"场域、惯习、资本"三位一体的核心概念引入了文学艺术领域，文艺生产场与"元场域"——

---

① 张鸿雁：《城市文化资本论》，东南大学出版社，2010，第609页。

② 许德金、冯捷蕴等：《后奥运时代北京文化资本与城市形象》，中国商务出版社，2012，第10页。

政治经济场（权力场）的相互关系成为研究的焦点，该书对我国的文学批评、艺术批评有很大影响，出现在有关"文学史学史""理论史"的研究和争论中。国内的美学、文艺学教材也较早涉及布尔迪厄的文化理论，如蒋孔阳、朱立元主编的《西方美学通史》（1999）中就对布尔迪厄的思想有过介绍。文化资本理论被用于分析文艺作品、文艺思想和文艺现象，如傅敬民的《圣经汉译的文化资本解读》（2009）结合文化资本理论指出，《圣经》汉译时从佛教、道教、儒家经典中挪用的汉语语汇，本身就是中国文化发展中积淀而成的产物，通过《圣经》汉译的符号嬗变，已然演变为一种强大的基督教文化资本，与中国固有的传统文化共生、相融。也有一些从总体上研究文化资本与文艺生产场域的理论著述，例如朱国华《文学与权力：文学合法性的批判性考察》（2006）较为严格地遵循了布尔迪厄关于文化资本的符号性特征的界说，提出整个社会话语体系中文学权力的问题，随着时代条件的变化，文学在表征领域里位置急剧下降，就被挤压到权力的边缘，他还颇富创新性地从文化资本、社会资本的角度入手，重新讨论了中唐古文运动兴衰的原因。陶东风在《文学理论基本问题》（2004）一书和《反思社会学视野中的文艺学知识建构》《走向自觉反思的文学理论》等文章中，借助布尔迪厄的文化生产及文化资本理论对当下中国文学理论的学术机制以及存在的问题进行了反思。台湾学者许嘉猷的《布尔迪厄的艺术社会学理论及其在台湾之量化与质化研究》（2012）以艺术社会学的视角系统研究了布尔迪厄的文化理论，并延伸到台湾民众的艺术感知、艺术兴趣、艺术参与、美学文化资本和艺术收藏等问题，探讨了文化资本、经济资本与符号资本之间的相互转化。台湾东吴大学王经武的硕士学位论文《论布尔迪厄的摄影社会学》（1992）以布尔迪厄的《摄影：一种中产阶级趣味的艺术》为主要研究对象，较为详尽地介绍了布尔迪厄的摄影艺术观。李占伟的博士学位论文

《布尔迪厄文艺思想研究》（2011）较为全面系统地梳理了布尔迪厄理论与文艺学交叉的部分。邵燕君的《倾斜的文学场：当代文学生产机制的市场化转型》（2003）借助布尔迪厄的理论以材料梳理和个案研究对当代文学生产机制的转型过程进行了勘察，不过该著作对场域和文化资本理论的利用显得较为简单。李义杰的《符号创造价值：媒介空间与文化资源的资本转换》（2016）是从文化资本理论出发，探讨中国武术文化资源如何转化为文化资本，特别是在电影屏幕和新媒体上的传播。

6. 对当前文化资本研究的评价

文化资本理论从翻译引介到应用有十余年时间，不同学科背景的研究成果日渐增多，为国内文化资本理论发展打下了很好的基础，贡献了许多有价值的观点，但目前的研究也存在不足和需要解决的问题。除了布尔迪厄、古尔德纳等人的理论体系本身需要进一步深入研究外，还有以下几个方面的问题与论题直接相关。

其一，经济主义和符号主义倾向。布尔迪厄在《资本的形式》一文中分析过研究界两种既对立又同样极端的观点：一种是经济主义的观点，把所有类型的资本都简化为经济资本；另一种则是符号主义的观点，孤立地从精神现象本身来考察精神现象，忽视了社会物质生产实践是人类意识发展的根源。这两种倾向恰好也是国内研究界目前存在的主要问题之一。许多文化经济和文化产业的研究者十分重视文化资本向经济资本的转化，但实际上这种转化不仅需要条件，也非绝对正比关系。文化资本在文化产业中的作用一方面在于它起到了符号支配的作用，也就是我们通常理解的文化价值，而不是说它直接转化成了经济资本发挥作用，文化资本与货币、厂房、机器等经济资本获得收益的内在原理并不是一样的。另一方面，如果只考虑文化符号的认知、整合功能，把符号性把握仅仅视为人类的一种先天心理能力，则丧失了马克思主义的基本立场，导致理论与现实生活脱节。

其二，文化资本概念的范围。布尔迪厄、古尔德纳等文化资本理论的创始者没有给文化资本下一个特别明确的定义，不同学科背景的学者在使用文化资本理论之时一般会做出适合自己专业领域和论题的定义。这种思路无可厚非，但在研究中出现了一些定义过宽、过窄或与其他资本概念交叉使用的现象。文化要称得上是"资本"，至少要实现资本的一般功能：获得收益和增殖；同时它往往是被特定的群体和个人占有，不可能只是一种公共财富，只有给它的所有者带来收益，才谈得上是一种资本。正因为要保证文化资本所有者的文化权益和经济权益，现代产权制度才扩展到了文化领域，形成了知识产权保护制度。部分文化产业研究者在使用文化资本概念时又往往将其视为一种特殊的人力资本，也就是说人力资本概念可以覆盖文化资本概念，这种处理会使得经济学原有的关于人力资本的一些评价体系变得松散，也不利于我们认识文化资本的独特价值。

其三，对文化资本的定量分析。定量分析是经济学家和文化产业研究者最希望做到的事，因为如果实现了这一点，文化资本就可以顺利纳入各种经济学模型之中，发挥和经济资本一样的作用，国内研究者做了很多这方面的努力，比如乐国林的《文化资本与企业成长关系》，许德金、冯捷蕴等的《后奥运时代北京文化资本与城市形象》以及王云的《中国文化资本估算及其对经济增长的贡献》都提出了一些定量分析的方法。这些都是积极的尝试，然而实际情况是对文化资本定量分析的模型往往存在缺陷，不能恰当地反映出文化资本的价值，无论是经济价值还是文化价值都测算不当。戴维·思罗斯比在1998年巴塞罗那举行的第十次文化经济国际会议上宣读了文化资本的论文，其中提出了估算文化资本变量的公式[①]，但后来将这篇论文收入《经济学与文化》的时候又把这部分删去，改为谨

---

① 戴维·思罗斯比：《文化资本》，载薛晓源、曹荣湘主编《全球化与文化资本》，社会科学文献出版社，2005，第557页。

慎地讨论量化评估的问题。由于文化资本会表现为艺术品、建筑、绘画、历史遗存等物质形态以及专业文凭等制度化形态，在某种条件可以对这些文化资本做定量分析，比如统计某地有哪些世界文化遗产，这些文化遗产每年的文化旅游收益有多少。布尔迪厄在研究教育问题的时候也统计过不同社会阶层取得的学术资格及其性别、年龄、上一代人的情况等指标。但是要完完全全地像经济学那样计算、使用资本存量几乎是不可能的。不仅是对文化资本做不到这一点，就连自然资本、人力资本的测算目前都存在困难。对文化资本的理论研究，只能把定量分析作为参考，而主要采用内容分析、深度描述、情境分析、专业评估等研究手段。

其四，"城市文化资本"概念。"城市文化资本论"是张鸿雁教授首创的理论体系，他围绕城市文化资本概念进行了大量城市文化和城市文化规划研究，为文化资本理论研究提供了许多有益的思路，但是"城市文化资本"概念本身有不妥之处，在使用时须谨慎。城市通常是指人口稠密、工商业发达的地方，充当所在区域的政治、经济、文化中心。然而经济学中的资本没有所谓城市、农村之分，不受地理条件、社会网络的限制，它在处于货币形式的时候具有一般等价物的功能，可以任意购买、转让、换取各种商品和服务。经济学家研究资本问题的时候，会估算、统计某城市的资本存量、固定资本存量、人力资本存量等，但并未就此使用"城市经济资本""城市物质资本""城市自然资本"之类概念。文化资本与经济资本相比虽然不太容易量化评估，有其特殊的文化价值，但使用"城市文化资本"概念还是有不便之处，比如很多著名的历史文化遗产、非物质文化遗产并不存于城市，而是在乡村、郊野甚至人迹罕至的地方，仍然是某城市可以利用的文化资本。如果城市文化资本是指"某城市的文化资本"，则无需对它进行专门的定义。

四 文化资本的性质和再生产

在回顾了国内外文化资本理论的相关研究之后，有必要对文化资本的性质及其运行机制做一个概括，为阐释文化资本与文化创意产业关系的命题提供准备。在后文分析北京文化创意产业发展问题的时候，将回到这个最基本的评价框架中来。正如"文化"本身就是一个很难定义的概念，哲学家、社会学家、人类学家、历史学家、语言学家、经济学家都会从不同角度做出阐释，"文化资本"同样是一个难以做出精确定义的概念。但可以肯定的是：文化资本并不是广义上的文化，而是具备资本意义、能够给拥有者带来收益的一种人类精神生活的积淀物。这种脑力和体力劳动积累的产物既具备自身的特性，又具有资本的一般性质，可以整合、总结为符号性、价值性、增殖性、流动性四个方面。

①符号性。文化资本体现了特殊的对世界进行符号性把握的能力，比如作家、画家、音乐家、雕塑家创作出优秀的、吸引人的艺术作品。这种符号性把握有着自身的独立性，不见得就从属于实践性把握，比如一名熟练工人可以掌握该行业全部工艺流程所需的技术，然而由于缺乏符号性把握的能力，他无法享受一名工程师的待遇；而一名具有艺术灵感的工业设计师（比如史蒂夫·乔布斯）所拥有的符号性把握的能力以及从中获得的收益，又远远大于普通的工程师。文化资本这种具有符号性特征的资本，并不像经济资本那样充当社会权力的最主要来源，但它又有不可取代的意义。

文化资本的符号性特征不被人们重视，在企业经营、经济发展中的作用不容易被观察到，难以量化评估，其功效很容易跟经济资本中的人力资本相混淆，但实际上传统的人力资本概念并不能充分解释经济活动中文化的功效，人力资本往往不能获得类似租金一样的资本收益；而渗透到企业、文化产业日常生产经营活动中的文化精神、价值观、信任观等有关文化资本的因素，尽管从总体上一直在影响其发展，也常常被经济资本的功效所掩盖。从这个意义上说，文化资本是一种具有"隐秘性"和"隐喻"意义上的资本。

②价值性。文化资本具备双重价值，首先，它可以体现、储存并提供文化价值，这些价值可以相对独立地存在，作家、艺术家即使不能直接获得经济上的收益，也会出于精神需求上的考虑去创作，一部分人在创作之初并没有把物质回报计算在内，他们获得的是文化本身的回报。其次，它也可以在某种条件下带来经济价值。文化资本可以带来经济学所讨论的服务流（flow of service），这种文化服务可以直接用于消费，或进一步生产商品和服务。同时，文化资本也可以与其他生产要素相结合，为创造经济财富做出贡献，比如消费者完全可以因为对商品文化意义的认同（哪怕是咖啡、可乐、汉堡这样普通的食品）而选择这些商品而不是同类产品，或者愿意多付出一部分金钱。

③增殖性。政治经济学对资本本质的解释是"带来剩余价值的价值"，经济资本在投入商品生产之后可以使资本拥有者获得利润和其他收益，从而使原有的预付资本实现增长，增殖性是资本的基本性质之一。而文化资本投入文化生产之后，同样可以使原有的文化资本总量扩大，比如历史文化遗产在开发为文化旅游项目、供更多人参观之后，其文化影响力也扩大了，即使这种增殖不以赚取更多利润为目的，客观上也扩大了文化资本在符号支配意义上的权力，最终能够带来经济收益。

④流动性。文化资本在共时的意义上可以在多种存在形式之间流动，这些形式共同体现了蕴含其中的人类劳动。文化资本可以是物化形态的绘画、艺术品、雕塑、建筑物、历史遗存等，这一部分文化资本大多可以像商品一样买卖，可以衡量其经济价值，它们也会像物质资本那样产生损耗。文化资本也可以是无形的、内化于文

化资本拥有者的头脑中，比如群体和个人的思想、信仰、价值观、审美趣味、道德情操，等等。值得一提的是，这种无形的文化资本也可以带来经济价值，比如音乐作品既可以获得版权费，也可以产生由于演奏音乐引起的服务流所带来的价值。① 此外，还有布尔迪厄所特别指出的"制度化"的文化资本，主要是指教育考试制度、文凭制度确保的学术资格、专业职称等，这一部分文化资本不能简单划入"内化""物化"资本之列，因为它实际上是一种介乎主观和客观之间的东西，相对独立于资本拥有者，它所表示的文化价值不等于其拥有者实际的、内化的能力。文化资本可以从人们头脑中精神性的东西，转变为物化的文化产品，再被社会制度所认可保护，通过文凭、职称、专业资格制度转化成经济资本。

马克思在《资本论》中指出，社会生产是一个循环往复、周而复始的过程，这样才能不断生产出剩余价值，而资本积累是社会再生产的起点和源泉。文化资本作为资本形式的一种，它的积累同样是文化生产和再生产的前提条件之一，那么文化资本积累如何实现呢？

由于文化资本可以表现为三种形式，文化资本的积累也有多种途径：内化形式的文化资本的积累，是通过花费时间接受家庭教育、学校教育和自我修习来实现，用弗洛伊德的术语来说这是一种力比多的投入。不仅现代学校教育可以实现这一点，民间非物质文化遗产的口传心授也属于文化资本的积累。布尔迪厄认为这些内化形式或者说跟身体相关的文化资本积累是以人的自然生命为条件的，"文化资本的积累是有一定限度的，它无法超越个体及其表现能力，随着它的拥有者（生物的能力、记忆等）的衰落和消亡，它也一道衰

---

① 参见戴维·思罗斯比《经济学与文化》，王志标、张峥嵘译，中国人民大学出版社，2011，第51页。

落和消亡"①。但如果我们从社会群体的角度来观察，这种文化资本的积累还是可以长期实现的。另一种制度化的文化资本同样是要通过教育培训和自学、自修来积累，人们考取各种证书，确保文化资本的稳定收益。还有一种物化形式的文化资本（如艺术品、雕塑、绘画、建筑等），除了靠自行创作、生产获得之外，也可以通过购买和接受馈赠等方式来积累。比如欧美的商人、企业家和社会名流常常购买文物、艺术品捐赠给公立博物馆，或自行收藏文物艺术品、建立私人博物馆，这些都属于文化资本的积累。在这一过程中，实际上完成了经济资本、社会资本向文化资本的转化。文化资本的积累跟社会资本一样，是一个长期的过程，预设了某种文化活动的持续进行，需要消耗经济资本，还要消耗个人的自由时间，后者正是文化资本积累的机会成本，要尽量精确地测算文化资本，就要把经济资本加上这部分机会成本。

政治经济学研究的资本再生产揭示了资本主义社会发展的奥秘，而随着现代社会的不断变革、转型，文化资本的再生产在人类全部社会实践中的位置也被提到了前所未有的高度。根据政治经济学的解释，社会再生产是物质资料再生产和资本主义生产关系再生产的统一，经济资本生产出剩余价值，延续政治 – 经济的权力关系。如果用这样的思路来审视文化资本则可以发现：文化资本再生产的本质是不断延续、强化文化方面的权力关系，布尔迪厄认为这种符号性的权力关系根源于政治经济的权力关系，是文化生产、文化教育活动把政治经济的权力关系变得貌似自然、貌似超功利了，它们是一种掩饰（dissimulation）和转形（transfiguration）的劳动，"教育行动有助于再生产这一社会构成特有的文化专断系统，即主文化专断的统治，并由此促进把这一文化专断置于主导地位的权力关系的

---

① 布尔迪厄：《资本的形式》，载薛晓源、曹荣湘主编《全球化与文化资本》，社会科学文献出版社，2005，第9页。

再生产"①。布尔迪厄对文化资本再生产的研究十分广泛，包括分析学校、传媒场、文学场、艺术场、日常生活消费领域的文化资本再生产机制，揭示文化资本在权力合法化过程中的特殊功能。

布尔迪厄把政治经济学研究的思路扩展到了文化资本再生产的研究中，这是文化资本理论研究的难点之一，而一般的文化产业研究、文化经济学不会去考察这种资本再生产活动背后深层次的权力关系。比如进行自然遗产、历史文化遗产项目的经济收益评估时，一般是建立成本－效果分析体系，对项目的边际收益进行评估，研究者很少会考虑历史文化遗产的文化资本是被制度化确认的，其历史价值、社会价值、审美价值的大小与不同等级的官方评估有很大关系。近些年，我国各地掀起了一股申报世界文化遗产热，目前全国约有 200 个申遗项目，其中 100 个进入预备申遗清单，尽管联合国教科文组织有"一个国家一年只准申报一个项目"的规定，地方政府和文化遗产单位仍然趋之若鹜。申遗成功将带来巨大的经济效益、社会效益和环境效益，即使没有最终申报成功，也可以在先期准备过程中得到地方政府和有关部门的扶持，这正体现了制度化文化资本的巨大价值和影响力。

联合国教科文组织授予的"世界自然遗产""世界文化遗产"称号，看似取决于遗产本身的文化价值，其实也受到了评价制度背后的世界秩序的影响。从世界自然文化遗产分布（见图 1－1）可以看到，拥有 53 个国家的非洲，其"世界遗产"的密度不及只有 5 个国家的北美洲，与欧洲、亚洲也不能相提并论；从国家分布来看，名列前茅的遗产大国除墨西哥外几乎都是发达国家和"金砖国家"成员（巴西、澳大利亚并列第 11 位）（见表 1－1）。文化资本的积累和再生产，在具体文化生产场域中是十分复杂的过程，这是文化创意产业研究需

①　布尔迪约、帕斯隆：《再生产：一种教育系统理论的要点》，邢克超译，商务印书馆，2002，第 19 页。

要注意的。

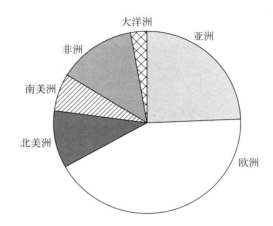

图 1 – 1 世界自然遗产、文化遗产在各大洲的分布

表 1 – 1 世界遗产数量的国家排名（前 10）

排名	国家	2017	2016	2015	2014	2013	地区
1	意大利	53	51	51	50	49	欧洲
2	中国	52	50	48	47	45	亚洲
3	西班牙	46	45	44	44	44	欧洲
4	法国	43	42	41	39	38	欧洲
5	德国	42	41	40	39	38	欧洲
6	印度	36	35	32	32	30	亚洲
7	墨西哥	34	34	33	32	32	拉美
8	英国	31	30	29	28	28	欧洲
9	俄罗斯	28	26	26	26	25	欧洲
10	美国	23	23	23	22	21	北美

第二章

文化创意产业概述

本章主要回顾文化创意产业在全球范围内兴起的历程，讨论文化创意产业的概念、基本特征、组织运行的基本特点，并梳理西方文化创意产业研究的理论成果，为进入"文化资本与北京文化创意产业"的论题提供第二个理论准备。

一　文化创意产业兴起

文化创意产业兴起是现代性进程和全球化的结果，是人类社会经历了第三次技术革命并遭遇资源危机、环境危机之后，自身发展方式的一次重要调整。文化创意产业概念在英国的首次提出及其发展历程，正体现了这一基于"危机反应"的战略转变。20 世纪七八十年代，随着经济全球化的推进，制造业中心逐渐转移到了拥有丰富资源和廉价劳动力的第三世界国家，撒切尔夫人执政的英国丧失了"世界工厂"的地位，经济萎靡不振，英联邦下属的澳大利亚等国经济也随之陷入低迷。1994 年，澳大利亚的通信技术与艺术部推出了一份旨在保护民族文化、增强民族认同感的"创意之国"（Creative Nation）政策，英国政府随即派人赴澳考察，酝酿本国的创意产业战略。在三年后的英国大选中，发展"创意产业"（Creative Industries）成为工党领袖托尼·布莱尔的一张王牌，以此来体现他的竞选纲领的新意所在。布莱尔当选之后，果然践行诺言、改组内阁，成立了英国文化、媒体和体育部（Department for Culture，Media and Sports，DCMS），由大臣克里斯·史密斯直接领导"创意产业工作组"（Creative Industries Task Force），推进本国创意产业的发展。DCMS创意产业工作组于1998年和2001年两次颁布《英国创意产业路径文件》（Creative Industries Mapping Document），其中1998年的文件第一次完整提出了创意产业的定义，"所谓创意产业，就是指那些从个人的创造力、技能和天分中获取发展动力的企业，以及那些通过对知识产权的开发可创造潜在财富和就业机会的活动"，并把创意产业的类比分为15大类："广告、建筑、艺术、古董市场、手工艺、设计、时尚设计、电影、互动休闲软件、音乐、电视和广播、表演艺术、出版和软件等。"[①] 这一定义体现了该工作组首席专家约翰·霍金斯对文化创意产业研究思考的成果。此后，创意产业工作组又发布了《创意经济方案》（The Creative Economy Program，2005）等文件，这一系列政府主导的发展规划推动了创意产业成为英国经济的支柱性产业。英国发展创意产业的时间比澳大利亚稍晚，但已成为仅次于美国的世界第二大创意产品生产国，其出版业每年外销产值超过10亿英镑，是全世界最大的出版物出口与再出口国；电视产业年产值约120亿英镑，拥有欧洲最大的数字电视市场；音乐产业年产值约50亿英镑，销量居世界第三位，净收益超过钢铁业；电子游戏制作产出居全球第四位。[②]

英国是迄今为止发展文化创意产业最成功的国家之一，其发展

---

① 英国政府网站，https://www.gov.uk/government/publications/creative – industries – mapping – documents – 1998。

② 参见中国驻英国大使馆经济商务参赞处杨会军的报告《英国创意产业已成为新兴支柱产业》，驻英使馆经商处官网，http://gb.mofcom.gov.cn/aarticle/i/201104/201104074999008.html，2011年4月15日。

模式与美国自 20 世纪 90 年代以来推广的"新经济"模式形成对比，两者虽然有所交叉，都以经济全球化为背景，由政府政策推动、借助于高新技术，但前者凸显了文化创意的引领作用，其发展较之后者更加稳健、具备可持续性，从而引起全世界的瞩目和效仿。20 世纪 90 年代以来，各国的创意产业概念政策和发展计划纷纷出炉（见表 2-1），欧盟各国及澳大利亚、日本、韩国、加拿大、新西兰、新加坡等国，以及中国台湾地区，都把创意产业作为调整产业结构的战略步骤，形成了创意产业在全球范围内蓬勃发展的总体态势。全球金融危机爆发后，各国政府更加意识到创意产业的重要性，掀起了新一轮全球范围的发展热潮。这其中美国的情况稍有不同，"创意产业"带有文化国策性质，与美国文化产业的自由市场理念不太一致，虽然美国文化产业十分发达，这一术语使用得并不多[①]，主要以"版权产业"来指代相关产业。

表 2-1 世界部分国家和地区的文化创意产业文件

国家（地区）	发布机构	文件名称	年份
英国	文化、媒体与体育部	《创意产业路径文件》	1998
丹麦	贸易与产业部以及文化部	《丹麦的创意潜力：文化与商业政策报告》	2000
英国	文化、媒体与体育部	《创意产业路径文件》	2001
德国（北威州）	北威州经济与能源部	《第四次文化产业报告》	2002
澳大利亚	政府信息技术与艺术部、信息经济国家办公室	《创意产业集群研究》	2002 2003
新西兰	新西兰经济研究院	《新西兰的创意产业：经济贡献》	2002
西班牙（加泰罗尼亚）	加泰罗尼亚文化产业研究所	《加泰罗尼亚文化产业手册》	2002
奥地利	联邦总理府、联邦政府经济与劳动部、联邦经济议院	《第一份奥地利创意产业报告》	2003

---

① 参见斯图亚特·坎宁安《从文化产业到创意产业：理论、产业和政策的涵义》，载林拓、李惠斌、薛晓源主编《世界文化产业发展前沿报告》，社会科学文献出版社，2004。

国家（地区）	发布机构	文件名称	年份
新加坡	贸易与产业部	《新加坡创意产业的经济贡献》	2003
奥地利（维也纳）	维亚纳商会、电影基金会	《维也纳创意产业潜力经济分析》	2004
荷兰	经济事务及教育文化与科学部	《文化与经济：我们的创意潜力》	2005
奥地利	联邦总理府、联邦政府经济与劳动部、联邦经济议院	《第一份奥地利创意产业报告》	2006
比利时（弗拉芒）	弗拉芒创意区	《弗拉芒创意产业》	2006

资料来源：艾瑞克·布劳恩等著《提高创意产业潜力认知》，《中国社会科学报》2010 年 11 月 2 日。

中国文化创意产业的兴起有自己的内在原因，即人民群众日益增长的精神文化需求同落后的文化生产之间的矛盾，人民日益增长的美好生活需要和不平衡不充分的发展之间的矛盾。而从发展方式转型的角度来看，同样属于"危机反应"的产物：中国的经济已经发展进入了一个产业结构调整转换的新阶段，发展文化产业和文化创意产业对于转变我国的经济社会发展方式，从"中国制造"走向"中国创造"有着十分重要的意义。北京、上海和国内其他一些大城市提出并积极发展文化创意产业，这其实是选择了一条参与国际城市高端竞争的发展之路。

二　文化创意产业的基本特征

文化创意产业是高端的文化产业。联合国教科文组织在 1980 年的蒙特利尔专家会议上曾把文化产业定义为"按照工业标准生产、再生产、储存以及分配文化产品和服务的一系列活动"，也就是说一切产业化了的文化产品的生产全过程都可以看成文化产业。文化创意产业的定义范围更窄一些，英国 DCMS 创意产业工作组发布的《英国创意产业路径》把创意产业定义为"源于个人理念、技巧及才能，通过智慧财产权的生成与利用，而有潜力创造财富和就业机会的产业"①。此后该小组的首席专家、"创意产业之父"约翰·霍金斯又在 2001 年的著作里下了一个新定义，认为创意产业主要是指所生产的文化产品受到知识产权法的保护，版权、专利、商标和设计产业四个部门共同构建了创意产业②。北京市 2006 年颁布的《北京市文化创意产业分类标准》则把文化创意产业定义为"以创作、创造、创新为根本手段，以文化内容和创意成果为核心价值，以知识产权实现或消费为交易特征，为社会公众提供文化体验的具有内在联系的行业集群"。从以上三个定义不难看出，文化创意产业已经超越了一般文化产业的简单工业化模式，享有自己的知识产权，对科技创新、文化创新提出了更高的要求。

"创意产业"和"文化创意产业"概念常常被研究者和大众媒体混用，但前者的外延要大于"文化创意产业"，按照霍金斯后来的定义，具有独立知识产权的某些科学、工程和技术部门也可以纳入创意产业的范围，他还就此批评了英国政府文化部门的定义过窄，认为这样无法解决由来已久的科学和艺术相分离的问题。本书对文化创意产业的研究，将遵循北京市的相关定义和分类，将其限定在文化产品的生产分配活动中，暂不考虑具有创意色彩的科学、工程、技术类的新兴产业。文化创意产业的实践中，确实广泛存在科技创新与文化创新相融合、使用各种高新技术的情况，欧盟 1999 年界定的依赖数字技术建立的"内容产业"更是如此，但这属于另外一个层面的问题。

在回顾了文化创意产业的历史性发生以及最常见的定义之后，有必要对它的基本特征进行概括。文化创意产业具有一般文化产业

① 英国政府网站，https://www.gov.uk/government/publications/creative－industries－mapping－documents－1998。
② 约翰·霍金斯：《创意经济：如何点石成金》，洪庆福、孙薇薇、刘茂玲译，上海三联书店，2006，第 12 页。

的特征，也有创意产业自身的特点，可以总结为以下四个方面。

①文本制作。文化创意产业与工业、农业、商业等其他产业类型相比，生产的是一种特殊的具有符号和象征意义的商品，并围绕这种文化产品提供相关服务，无论影视、音乐、新闻、出版、动漫、游戏还是其他文化创意产业的门类都是如此。它的创意主要是指有特定意义的语言符号组合，是广义上的"文本"，而不是科学、工程、技术的发明。它拥有一批对故事、歌曲、图像进行创作、诠释、编写或表演的人，这些人是学者理查德·佛罗里达（Richard Flori-da）提出的"创意阶层"的主要来源。无论文化创意产业有多少个生产、分配、营销、宣传的环节，该产业系统中最重要的还是处于源头位置、进行符号创意也就是文本制作的这个环节。随着数字技术、多媒体技术和网络的广泛应用，欧盟的"INFO2000"计划（1999）又提出了"内容产业"（Content Industry）的概念，从另一个角度印证了文本的重要性。文化创意产业对社会生活和文化生活有着深层次的影响。文学批评家罗兰·巴特（Roland Barthes）对广告、新闻、时装、电影甚至《巴黎竞赛画报》封面上黑人童子军敬礼照片的解读都告诉我们，这些符号文本包含了丰富的意蕴，反映不同阶层的利益，与国家的政治经济秩序和社会秩序有关。因此，文化创意产业受到国家的监管和控制要大于一般的产业类型，尤其是在新闻出版、电视广播这些带有公共事业性质的行业上。

②知识产权。知识产权在法律上是指"权利人对其所创作的智力劳动成果所享有的专有权利"，世界各国和地区对文化创意产业的界定几乎都突出了知识产权的重要性。知识产权是文化创意产业的生存之本，它也可以说是被法律和社会制度保护起来的文化资本。如果没有对积累起来的文化劳动做出保护，文本制作者则很难依靠它获得收益，他们的劳动过程、劳动时间无法得到回报，整个文化创意产业无从发展。相反，如果社会能够严格保护文本制作者的各

种权益，则会激发他们进一步创作的热情，为企业的后续发展提供动力。对于文化创意企业来说，知识产权是一笔价值巨大的无形的文化资本，即使本企业不从事相关的生产活动，也可以通过授权、许可、转让等方式提供给他人使用，为企业带来丰厚利润。

③规模经济。大部分的文化创意产业都依赖工业化的大规模复制，比如新闻出版需要印刷报刊书籍，影视行业复制拷贝，音乐产业生产唱片并提供下载，等等。因此大部分的文化商品都有着高固定成本和低可变成本的特点，比如图书进行首次印刷之时，其成本包括付给作者的版税、初版的印刷费用、编辑费用、发行费用、纸张等，随着印数不断增加，进行第二次、第三次印刷以及再版之时，成本就大大下降了。音乐产业更是如此，最初的制作费用要包括作曲、录音、编辑等一大批费用，批量复制时的费用却要低得多。这种文本复制的特点带来了"边际效应"，每增加一单位产量，成本就会递减。有时候，文化创意产业也会控制生产规模，比如现代报业的收入来源有相当一部分是广告收入，报纸的零售利润并不一定能抵销生产成本，这时候报社在销售量达到一定程度、足够吸引广告客户之后，控制报纸的实际印数，但是必要的销售规模仍是报业发展的前提条件。文化创意产业也有一些门类没有实现这种大规模的机械复制，只是采取半产业化、准产业化的生产方式，比如绘画、雕塑和高端艺术品都不是依靠大规模复制来增加收益的，但是不断地展出这些作品却能够带来经济利益，这些作品在大众传媒上被反复印刷、报道和使用它们的形象，带来了巨大的文化价值也就是文化资本，在某种条件下也会转化成经济资本和社会资本。

④高附加值。文化产品的核心价值归根结底是它的文本内容，只要具备了知识产权的核心内容，无论是把这些内容嵌入印刷品、音像制品还是数字出版物，它都能获得收益，比如迪士尼动画可以在各种载体的商业出版物中获利。它还可以变成使用迪士尼专利形

象的玩具、服装、日用品等周边衍生产品，围绕文本内容开发网络游戏、文艺表演、迪士尼乐园的旅游产业，等等。文化创意产业不但在文化产品原有的价值基础上实现了更大的价值，还能在生产部门之外、围绕文化产品进行的流通服务环节获得收益。文化创意产业这一特点对于经济转型发展来说十分重要，因为相比之下传统产业的毛利润是很低的，据中国社会科学院工业经济研究所的调研，金融危机之后中国制造业的毛利润只有 3% ~ 5%，处于历史最低水平。[①] 中国一直是世界上最大的玩具制造国和出口国，然而大部分企业生存在产业链的下游，主要为西方文化产业集团代工，无法享受到文化产品的高附加值，类似的情况还有很多。能够提供高附加值文化产品的本土文化企业在未来将吸引大量的人才和投资。

三 文化创意产业的组织运行

大规模的文化生产和文化消费在 20 世纪初的西方发达国家就已经出现，20 世纪上半叶的学者们如法兰克福学派对此做过广泛的研究，而到了 20 世纪 90 年代文化创意产业兴起之时，文化产业的组织运行较之 70 年代发生了一些明显的变化，需要重新总结其特点。英国经济学家安迪·普拉特（Andy Pratt）从产业链的角度提出过"创意产业生产系统"理论，将创意产业的全部生产活动分为四个环节：创意构思、授权和导向，生产方式或者设备的调整，再生产与大众分销，创意产品的交换和消费。普拉特认为，创意企业通过寻求便利的地理位置、交易成本的节约、知识和技术的转让，从而形成创意产业价值链，最终促成了创意企业竞争优势的提高。[②] 文化创意产业的组织运行不仅包括上述文化产品的生产营销阶段，还包括

---

① 《制造业"给银行打工"折射出经济畸形发展》，《中国产经新闻》2012 年 9 月 6 日。

② Andy Pratt, "The Cultural Industries Production System: A Case Study of Employment Change in Britain, 1984 – 91," *Environment and Planning A 29* (2008): 1953 – 1974.

全行业的组织协调、新技术的应用等，这里主要关注政策调控、企业形态、创意活动、市场营销和技术创新五个方面的组织运行。

1. 政策调控

政府的文化产业政策可以从整体上改善文化创意产业的组织结构和企业间的相互关系，从而实现资源有效利用。80 年代以前，发达国家的政府直接控制了一部分文化产业生产，比如过去的英国 BBC 公司、澳大利亚 ABC 公司、日本 NHK 公司等。而现在世界各国政府主要依靠文化产业政策引导、影响文化创意产业的组织运行。这种政府的政策影响表现在法律法规、投资补贴、内容控制三个方面。法律法规包括保护文化产品的知识产权特别是新兴的数字版权，保证企业之间的公平竞争，为鼓励研发和私人投资在税收方面实行减免，推动新兴产业的孵化，等等。投资补贴首先是指政府的直接投资，例如澳大利亚政府 1993～1994 年率先启动"创意之国"计划的时候，对创意产业的拨款总额就达到了 22 亿澳元，其中联邦政府拨款约 12 亿澳元，地方政府拨款约 10 亿澳元，分别占两级政府年度财政预算的 1.5% 和 1.7% 。其次，为了保证和鼓励一些带有公共事业性质的高雅艺术门类的发展，如戏剧、舞蹈、美术等，各级政府会给予直接的财政补贴，这种补贴大多是有条件的，要求受助的单位另外向私人募集一定比例的资金。内容控制则是由国家成立相关的部门审查、监督文化创意产业的文本制作、产品销售等，各国几乎都有类似的机构，只不过职权大小和监管范围不同，这些机构的工作会直接影响文化创意产业的发展。

文化创意企业兴起的历史根源是 20 世纪 70 年代发生的经济危机，西方发达国家不得不把产业重心转向制造业之外的服务行业和创意产业，所以原有的对这些领域的管制被削弱了，新的自由市场得到开辟，文化创意企业的政策环境较之过去的文化产业更加优化。文化产业研究专家思罗斯比、赫斯蒙德夫等人都分析过 20 世纪 70

年代以来西方文化产业政策的变迁。赫斯蒙德夫认为西方国家开始
实施"从宽控制"的文化政策,广播、电信等公共文化服务色彩较
浓的领域开始私有化,国家广播、电视、电信市场向不同类型的竞
争者开放,而不再是国有大公司垄断,政府对文本制作的管制也减
少,对于节目播放时间、时段、广告比例等方面的要求大大放松,
对非营利组织和公共文化机构的补贴有所削减,这些变革都为创意
企业尤其是私人公司带来了更多的自由度和商业利益。[①] 我国的文化
产业、文化创意产业尽管在发展模式、监管方式上跟发达国家有所
不同,但同样适应了经济转型、产业结构调整的需要。中国的文化
产业政策相继出台并已经渐成体系,文化体制改革正在稳步推进之
中,在政策导向上也越来越重视市场调节机制,尊重人们在文化消
费上的选择权。

2. 企业形态

在文化创意产业兴起之前,文化产业在组织分工和企业形态上
跟其他产业一样,是以集团化为发展趋势的,包括各种传媒集团
(如 BBC、ABC、朝日新闻、时代华纳)、休闲演艺集团(如迪士
尼)、影视娱乐集团(如福克斯、哥伦比亚、索尼、百代)等等。
这些文化产业集团大多实施"纵向一体化"战略,进行跨行业并购,
比如迪士尼就拥有主题公园、玩具、图书、影视、电子游戏、传媒
网络等多种经营项目。如果这种文化产业集团"纵向一体化"或者
"横向一体化"(并购同类型企业)的规模过大,西方政府会进行一
些政策控制,比如美国曾经对一家电视网可以拥有的电视台数量做
出限制。文化创意产业兴起之后,文化产业的组织形式出现了一些
新特点:影视节目、数字产品制作被分解成许多中小型任务,由专
业企业和转包商来完成,它们也因此被集合在各种交易、项目和销

---

① 大卫·赫斯蒙德夫:《文化产业》,张菲娜译,中国人民大学出版社,2007,第 128 ~ 132
页。

售构成的复杂网络之中，大型文化集团仍然在融资、制作和文化产品销售中有着重要地位，它们把大部分实际制作工作转包给了中小型的独立公司。[①] 这种特点在我国的文化创意产业中也不难看到，比如央视集团就会把部分节目或栏目制作外包，而审查权仍在央视手中，没有外包的部分节目制作所需的专业技术环节也可能会交给集团之外的公司来做。

换个角度来看待文化创意产业的这一特点则是，中小型企业、微型企业数量激增，显示出了前所未有的活力。"创意产业之父"霍金斯在他的著作和各种会议上经常提到"少量大企业、大量小企业"的趋势判断。[②] 其中的奥秘在于：首先，文化创意经常是由一些独立的小组或个人提出来的，这些创意者拥有较大的自由创作空间，受到的商业限制比文化集团的创意者要小，容易打破常规、得到新的灵感。其次，新兴技术的涌现使得分工越来越细，在文化产业内部分化出了许多亚领域，适合灵活的中小企业开展经营活动。最后，文化多元和文化市场的细分造就了一批独立的小型文化创意企业，比如独立电影公司、独立唱片公司等，它们满足了追求艺术性、思想性的受众群体的需求。

3. 创意活动

创意活动是文化创意企业最重要的生产环节，经济学家吉内特·葛兰博（Gernot Grabher）更是认为，由于具体的文化创意才是获得收益的根本，当代文化创意产业的生产活动已经变为围绕一个项目而不是企业展开，他进一步提出，创意团队、公司、认知群体、个人网络等不同层级构成了创意产业的项目生态，应当建立文化创

---

① Allen Scott, "The Craft, Fashion, and Cultural Products Industries of Los Angeles: Competitive dynamics and Policy Dilemmas in a Multispectral Image – producing Complex," *Annals of the Association of American Geographers* 86（2015）：306 – 323.

② 《资本时代已经过去，创意时代已经到来》，《湖北日报》2008 年 4 月 25 日。

意产业的"项目生态学"。① 文化产业集团化、内部组织科层化之后，不可避免地会带来一些弊端，比如创意工作者的新理念必须逐级上报，获得管理者和投资者的认可才能着手实施，而这些管理者和投资人往往首先从商业利益角度审视一个新的文化创意文本，还要考虑政府文化部门的监管控制，不但追求经济价值和追求文化价值、社会价值之间可能出现矛盾，他们有时也无法预见一个革命性的文化创意文本所能带来的全面回报。文化创意产业解决这些问题的办法是进行组织创新，分化出中小企业和相对独立的下属企业，避免创意理念的层层审批。相比过去，当代文化创意产业的一些项目团队已经被赋予了较多的自主权，这种自主权不仅是以前的文化产业所没有的，就是跟其他产业类型比，也是比较罕见的。优秀的文化创意企业一般对主创人员相对宽松，对物化形态产品的生产制造以及发行、销售环节控制得比较严。

4. 市场营销

当今世界早已进入"信息爆炸"的时代，由于数字技术、信息技术的广泛应用，每个人每天都要接触大量社会、时政、娱乐、体育类新闻，以及大量的广告和科技信息和属于私人的手机短信、微博、微信等。这种状况造成了文化创意产品极易被淹没在同类产品和替代品的汪洋大海之中。当海量的文化信息充斥了社会空间之后，文化企业也搞不清消费者真正的需求，难以对生产方向做出正确的判断。针对这些问题，文化创意产业扩大了市场营销部门的规模，在设计包装、广告宣传等方面投入了大量的人力物力。中国的文化创意产业特别是影视行业非常注重市场营销，由于互联网的普及，还出现了所谓"病毒式营销"，即利用互联网用户的口碑相传，以快速复制的方式将文化产品信息传向数以万计、数以百万计的受众。

---

① Gernot Grabher, "Cool Projects, Boring Institutes: Temporary Collaboration in Social Context," *Regional Studies* 36 (2002): 205-214.

市场营销部门除了研究营销组合方式，进行具体的销售推广活动之外，还有肩负了其他的职责：进行市场调研，对反馈上来的数据信息做出统计分析；研究市场机会、市场细分和本企业的定位，研究文化市场的竞争者。营销部门的各种活动为管理者和投资人提供了决策参考，使文化创意产业更加灵敏地面对市场竞争，但同时，市场营销部门的权力也被提高到了前所未有的地步，比如在出版行业，发行部经理通常会对书籍的选题策划甚至装帧、定价提出意见。营销部门权力的扩大可能会对创意人员的创作自由造成一定的影响。

5. 技术创新

文化创意产业不一定依赖高新技术，但技术创新确实给文化创意产业打开了新的局面。20 世纪 80 年代以来，家用电脑逐渐普及，数字技术和互联网给人类文化生活方式带来了翻天覆地的变化。正如"多媒体"这个词告诉我们的，原本界限分明的广播、电视、电影、报刊、电话等信息传输的渠道被整合到了一起，人们从消费单一类型的文化产品走向了消费一种融图像、文字、声音等于一体的文化产品。这种变化不但引起了原有的文化产业门类的变革，还对作家、音乐人、新闻记者、动画设计师、摄影师、广播制作人等职业的工作方式产生了重要的影响。以现代出版业为例，除了数字出版这个新兴门类出现以外，新技术的影响还体现在了企业组织运行的多个方面：国内外相当多的出版企业已经使用 ERP（Enterprise Resource Planning）系统进行管理，把编辑、印刷、发行、销售等方面的信息整合在同一个管理平台内，不同部门可以进行实时动态配合，实现了对整个文化企业供应链的控制，适应了企业在知识经济时代市场竞争的需要。书刊还可以进行"按需印刷"——以电子化的库存替代图书的实物库存，避免纸墨浪费和生产、库存过程中的消耗，同时还有效地避免了出版物生产的盲目性，这些都使企业内部的编辑、出版、发行部门的职能发生根本性变化。传统分工模式被打破后，出版商可直接面对读者，书店也可即卖即印。利用数字传输，一些世界知名杂志在各国建立了自己的地方版，中国书刊市场上的《哈佛商业评论》《世界时装之苑》《心理月刊》等都是如此。原来的刊物出版者成了内容提供商，即时传输该刊物的核心内容，并根据当地特定的文化需求加入一部分的地方性内容并在当地印刷，形成一本全球化的超级刊物。

四　国外文化创意产业研究述评

文化工业、文化产业研究在西方国家开展得较早，半个多世纪的理论实践已经为继起的文化创意产业研究做了很好的铺垫，使其拥有丰富的理论资源和跨学科综合的特征。西方研究者比中国的研究者更侧重基础理论，甚至是理论体系的构建，也有一部分学者如约翰·霍金斯等人积极介入本国的创意产业发展规划，在学术界之外获得了极大的声誉。

1. 文化产业的理论流变

文化创意产业理论的源头之一是霍克海默（Max Horkheimer）、阿多诺（Theodor Wiesengrund Adorno）等人自 20 世纪三四十年代开始的大众文化批判。"文化工业"（Culture Industry）这个词首次出现在《启蒙辩证法》（1947）一书中，霍克海默和阿多诺用它来描述发达资本主义社会中艺术品的标准化、程式化、商品化，丧失其应有的文化个性。法兰克福学派的研究著述还包括阿多诺的《论流行音乐》《美学理论》《文化工业的再考察》、霍克海默的《艺术和大众文化》和《作为文化批判的哲学》、本雅明的《机械复制时代的艺术作品》、马尔库塞的《单向度的人》和《文化的肯定性质》、哈贝马斯的《作为意识形态的技术与科学》等。"文化工业"这一术语显示了西方马克思主义的批判立场，带有一定的贬义色彩，用来描述我国经济文化生活中的类似产业时多有不便，因此在引入中国大约

10 年之后逐渐与继起的、中性的"文化产业"一词分开使用，国内的文化工业理论研究也随之式微。事实上，霍克海默和阿多诺以及法兰克福学派成员积累的研究成果对今天的文化发展有丰富启示，例如法兰克福学派成员曾深入研究过美国的报纸、广播、电影、电视等文化形式对于大众心理的影响。今天的文化创意产业要贡献出富有新意的创意理念，实际也需要创意阶层不断地跟旧有的文化风格和伪个性主义做斗争。国内文化产业的研究者在提到文化工业理论之时，大多是迅速地将其"扬弃"，不能不说是个遗憾。[①]

文化创意产业的另一个重要理论源头是自 20 世纪五六十年代始，英国伯明翰学派所做的文化研究。该学派的理论先导是霍加特（Richard Hoggart）、阿尔都塞（Louis Pierre Althusser）等人对文化产品的意识形态方面的探讨，注重研究文化产业的符号生产机制和原则，带有较强的马克思主义政治经济学色彩。后期的文化研究以斯图亚特·霍尔（Stuart Hall）为代表，侧重于对大众传媒的研究。霍尔认为社会大众并不是像法兰克福学派批判的那样，仅仅是对传播者规定意义的被动接受，而是有着对意义的选择和再生产。美国学者约翰·菲斯克（John Fiske）在霍尔理论的基础上又提出"两种经济"理论，他以电视产业为例，分析文化商品产生具有两种平行且共时的经济系统，其中"金融经济"注重的是电视的交换价值，流通的是货币，"文化经济"注重的是电视的使用价值，流通的是"意义、快感和社会认同"。

在此后的西方学术界，带有批判色彩的"文化工业"术语也被一些学者改造利用，以适应相关学科的推进（见图 2-1）。20 世纪 80 年代后期，法国传播学、社会学教授贝尔纳·米耶热（Bernard Miège）将"文化工业"变为复数形式的 cultural industries。他认为

---

① 参见赵勇《未结硕果的思想之花——文化工业理论在中国的兴盛与衰落》，《文艺争鸣》2009 年第 11 期。

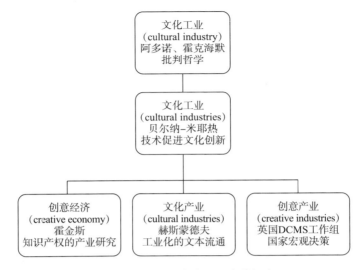

图 2 - 1　文化创意产业概念的衍变

法兰克福学派的理论是一个抽象的、简化的理论模型，过分强调了经济对文化的决定性作用，而实际上它们并非一个统一场域。在《传播思想》（1995）一书中，米耶热对西方文化产业做了三点总体评价：第一，无论是阿多诺等人提出的文化工业理论，还是后来的文化帝国主义理论都不能充分阐释 20 世纪六七十年代以来文化产业的实际状况。第二，文化产业的产品既是集体的又是个体的，可以相互等同，相互补充，甚至是在相互有距离和非关联的情况下相互观察。第三，文化产业的关键在于随着新媒介和信息传播技术的兴起而不断自我强化，工业生产方式虽然在负面意义上不断地改造文化，随之而来的新技术却也给文化带来了创新的可能，因此文化产业不仅仅是一个政治经济学的问题。① 米耶热的理论产生了较大的影响，尤其影响了英国的媒介研究，启发了后来的赫斯蒙德夫、尼古拉斯·伽纳姆（Nicholas Garnham）等从事创意产业研究的学者。

---

① 贝尔纳·米耶热：《传播思想》，陈蕴敏译，江苏人民出版社，2008，第 109～110 页。

2. 文化创意产业理论

20 世纪 80 年代以后，创意产业渐渐兴起，文化产业研究进入一个新阶段，与政府的文化政策规划也有互动。英国以及英联邦成员国澳大利亚，在全世界率先提出发展创意产业的政策并收到积极效果，英国理论界也为创意产业理论奠定了基础，约翰·霍金斯提出的"创意经济"和大卫·赫斯蒙德夫的研究都有很大影响，前者在20 世纪 90 年代末直接影响了布莱尔政府的文化政策，影响较大的理论家还有戴维·思罗斯比、安迪·普拉特等人。

霍金斯在创意产业研究领域享有极高的知名度，被人们称作"创意产业之父"，他 2001 年出版的著作《创意经济》突出了知识产权对创意产业的重要意义，其影响延伸到理论界之外。他拓宽了创意产业的范围，认为所有被称作"版权产业""专利产业""商标产业""设计产业"的生产部门都应当视为创意产业，他甚至发出了"知识产权就是当今时代的货币"的宣言。霍金斯的定义是一个最简洁也最容易理解的定义，《美国商业周刊》的经济主编彼得·科伊（Peter Coy）在 2000 年分析创意产业的时候也强调了人的智慧具有决定性的意义，"21 世纪还会有汉堡生产商，但权力、社会声望和金钱都会流向有独立知识产权的公司……在创意经济中，最重要的知识产权不是软件、音乐和电影，而是员工头脑里的东西。如果资产是煤矿那样的有形资产，股东可以真实地拥有它，然而当最关键的资产是人的时候，就不可能有真正的所有权了。企业所能做的最好是创造环境让最优秀的人愿意留下来"[1]。这一时期，英国文化、媒体和体育部的创意产业工作组在霍金斯思想影响下，从发展规划的角度对创意产业进行了定义，提出创意产业主要是源自个人创意、技巧和才华，通过知识产权的开发运用，创造财富和就业潜力的行

---

[1] Peter Coy, "The Creative Economy," *Businessweek*, Issue 3696, 2000.08.08.

业，这是政府层面首次对创意产业概念做出明确界定。

从资本角度理解文化生产的思想从 80 年代开始产生影响。以罗默（Paul Romer）、卢卡斯（Robert Lucas）为首的发展经济学家摒弃了新古典增长理论的核心假设，提出了一套全新的经济增长理论，罗默的理论模型认为生产要素应包括四个方面：资本、非技术劳动、人力资本和新思想，其中"新思想"是经济增长的主要因素。这种基于知识创新的内生增长理论是为文化创意产业推动经济增长奠定了理论基础。如第一章所述，法国社会家布尔迪厄从文化资本角度对文化生产的研究也产生了广泛影响，他提出的"文化资本""惯习""文化场域"等概念适合用来研究当代文化生产。西方主流的文化创意产业研究者大多不是从政治经济学立场看待文化生产的问题，而是力图获得关于创意产业自身的客观知识和发展规律，文化资本理论是他们作为理论工具之一引入各自研究中的。

与过去的文化产业相比，文化创意产业发展的时代条件已经发生了许多变化，西方理论界也积极应对了这种变化，其研究重点主要体现在以下几个方面。

文化政策的衍变。文化政策研究是在 20 世纪 70 年代后期兴起的，这一时期西方发达国家的文化政策渐渐趋向市场化，新自由主义的发展理念得到广泛认同，创意产业被视为获得文化领域效益与公平的理想方式，大量取代了由传统的、政府主导的公共文化事业服务方式。伽纳姆在 80 年代初已经研究过英国公共文化政策与市场化的问题；赫斯蒙德夫在《文化产业》（*The Cultural Industries*，2002）中详细追溯了美国的广播、电信等通常被视为需要政府严格控制的文化事业，是如何逐渐向私人企业放开，并盘点了英、法、德、奥等国广播、电视、电信政策的变迁，他认为美国式文化管理模式的全球推广极大地影响了整个文化产业的发展。康纳尔（O'Connor）和韦恩（Wynne）认为撒切尔夫人领导的英国保守党政府鼓励自主创业的文化政策，催生了充满活力的中小文化企业群。米勒（Toby Miller）和约迪斯（George Yudice）合著的《文化政策》（*Culture Policy*，2006）是一本十分全面的研究当代文化政策的著作，研究对象不仅仅是美国文化政策，也涉及第三世界国家，还以与政府文化政策联系紧密的公共机构博物馆为例说明了政策的具体演化。两位作者的结论是资本的力量只是在于重新调配国家资源，并没有完全终结国家对文化发展的政策干预，新自由主义理念已经在世界范围内流行，最终对各国文化发展的影响是效果不一的。

生产组织形式的变革。西班牙的塔博内罗（Alfonso Sánchez Tabernero）、英国的登顿（Alison Denton）等人合著的《欧洲媒体的集中：商业企业和公共利益》（*Media Concentration in Europe：Commercial Enterprise and the Public Interest*，1993）全面讨论了创意产业的产业集聚、集团化和纵向一体化问题。赫斯蒙德夫在《文化产业》（2002）中梳理了文化生产方式的历史变迁，即从 19 世纪以前的资助、委托变为市场化，再到今天的文化生产的"专业复合体时代"。他把各种艺术品、文化品都视为文本，把复制、发行和市场营销称为"文本流通"。赫斯蒙德夫这本著作既是理论奠基之作，也讨论了许多文化创意的具体问题，例如对创意经理、创意人员、技术人员角色的区分和相互关系等。对于产业发展的新趋势，赫斯蒙德夫认为西方已经从国家由供给、传播文化的单一文化基础转变为了一种体现文化多样性、体现社区价值观的状态，从政府部门支配文化政策到非政府部门影响文化政策，政府的文化预算削减，城市文化变革和艺术产业增长的方向较多地受到赞助商、私人的影响。[①]

全球化的影响。"全球化"是 20 世纪 80 年代以来理论界的焦点问题，其影响几乎覆盖了人文社会科学的各个领域。传播学家麦克

---

① 戴维·思罗斯比：《经济学与文化》，王志标等译，中国人民大学出版社，2011，第 157～159 页。

卢汉在 60 年代提出的"地球村"是全球化问题的理论先兆，随着吉登斯（Anthony Giddens）的《现代性的后果》（1990）、安东尼·金（Anthony King）的《文化、全球化与世界体系》（1991）、罗兰德·罗布森（Roland Robertson）的《全球化：社会理论和全球文化》（1992）、阿尔布劳（Martin Albrow）的《全球时代》（1996）等著作出现，全球化研究走向成熟，不但涉及全球城市、资本主义文化霸权、后殖民主义、民族国家等问题，也与区域文化发展、文化规划、文化产业密切相关。

全球化对文化创意产业的影响主要表现在：其一，文化企业的国际化。跨国企业是全球经济网络的主体，造就了作为网络核心节点的全球城市，而第三世界众多进行生产、加工、装配的地区则变成金字塔的基座和世界分工体系的末端。迪士尼这一类巨型文化企业的衍生产品即在中国等国生产。其二，产品内容的全球化。英国学者杰里米·汤斯托尔（Jeremy Tunstall）的《媒介即美国》（*The Media are American*，1977）详细分析了文化产业国际化进程，美国文化企业是如何生产出行销全世界的文化产品。其三，区域文化如何应对同质化问题，如何发展出自己的文化个性。一方面，一个地方的文化产业与全球化有着复杂的互动关系，要适应新的生产组织方式，拥有全球视野；另一方面，又要在欧美发达国家的强势文化企业之外，谋求自身的发展，例如印度电影、中国香港电影、韩国电影都曾辉煌一时，有着各自的经验和教训。

新技术的广泛应用。如前所述，科技进步与文化发展有着密切关系，电脑、电信技术对文化产业的影响是显而易见的。彼得·霍尔（Peter Hall）1998 年出版的《文明中的城市：文化，创新和城市秩序》（*Cities in Civilization：Culture，Innovation，and Urban Order*），把城市活力、科技创新与文化创造结合起来，从创新角度构建了技术 - 生产创新、文化 - 智能创新、文化 - 技术创新的西方城市史理论框架。卡斯特尔（Manuel Castells）在 90 年代末出版《信息时代：经济、社会与文化》三部曲，分析了信息技术革命带来的生产组织形式、社会结构、文化认同等方面的变革，提出了"信息城市"概念。布莱恩·温斯顿（Brian Winston）的《媒介技术和社会：从电报到因特网的历史》（*Media Technology and Society*：*A History*：*From the Telegraph to the Internet*）分析了文化产业的各种技术变革。保罗·辛伯吉（Paul Theberge）的《你能想象到的任何声音：做音乐/消费技术》（*Any Sound You Can Imagine*：*Making Music/Consuming Technology*）以家庭式和工业化的录音棚为例，研究了数字化对音乐家工作实践的影响，以及对作为社会行为和集体文化行为的音乐的影响。科技创新促成了产业融合，1978 年，麻省理工学院媒体实验室创始人尼葛洛庞帝提出"三圆重叠说"，认为在科技推动下广播和动画业、电脑业、印刷和出版业正在走向融合。赫斯蒙德夫在《文化产业》中分析了科技创新是如何充分释放广播、电信、电视的影响力，商业公司发现了其中的巨额利润，迫使政府在原本属于公共事业的领域引入市场机制，使公共文化服务的方式发生变化。他在政治经济学的视角之外，把社会文化的变迁、技术变迁特别是信息技术与消费类电子产品的兴起作为解释文化产业变化、延续的主要原因，并用专门的章节分析数字技术在文化产业融合发展中的重要作用。

| 第三章 |

文化资本与文化创意产业

布尔迪厄在《区隔：鉴赏判断的社会批判》（1984）全书第一句就开宗明义地说，"存在着一种文化产品的经济，但它有特定的逻辑"①。文化创意产业受文化资本影响，有与其他产业不尽相同的运行规律，它是"以创作、创造、创新为根本手段，以文化内容和创意成果为核心价值，以知识产权实现或消费为交易特征，为社会公众提供文化体验的具有内在联系的行业集群"，其中文化内容和创意成果是精神形式、物质形式的文化资本，知识产权是受到法律制度保护的文化资本，文化资本甚至可以说构成了文化创意企业的核心竞争力。

本章首先分析文化资本在文化生产场域中与其他资本存在何种关系，如何影响文化生产的各个环节。然后从文化创意产业的不同层面——文化创意产业最重要的劳动者即创意阶层，文化创意产业的市场主体即创意企业，以及把文化创意产业作为发展战略的创意城市，来分析文化资本如何发挥其效用。

---

① Pierre Bourdieu, *Distinction : A Social Critique of the Judgement of Taste*, Harvard University Press, Cambridge, Massachusetts, 1984, p. 1.

一　文化资本与文化生产

从社会学的角度看，文化生产的场所是由文化资本、经济资本、社会资本等不同类别资本共同组成的混合场域，不同资本的分配比例和相互关系把文化生产场与其他生产场区别开来。这种社会学的看待文化生产的视角比一般的经济学模型要复杂得多，因为后者使用的一些计算成本收益的办法在考察文化创意产业时显得过于简化。文化资本对文化创意产业的影响可以表现在生产的各个环节，社会总生产由生产、分配、交换、消费四个环节组成，它们互相联系、互相制约，共同组成了生产过程，而这些环节都对文化资本提出了要求。

1. 文化生产场域

文化资本有符号性的特征，带来收益的权力关系首先是一种文化意义上的权力关系，而不是经济权，经济上的利益必须以前者为条件。由于文化本身的胜利是与社会条件历史性结合的结果，这使得经济利益的获得有时候显得很不稳定，这种情况在文化艺术领域不难见到。爱尔兰作家乔伊斯的作品《尤利西斯》首版（1922）只印刷了1000册，主要被庞德、艾略特、海明威等同行和其他知识分子买走，如果这时候来判断这件作品的经济价值，它可以说没有多大价值。然而到了2001年，当《尤利西斯》被视为20世纪最伟大的文学作品之一后，该书手稿的一章就拍卖了150万美元，带作者签名的100本首版书，每本价值飙升到10万英镑——文化资本最终带来了巨大的经济利益，但产生这些收益的是一种十分微妙的文化资本、经济资本、社会资本之间的化学反应。

文化资本理论中的文化生产场情况可以用戴维·斯沃茨描述布

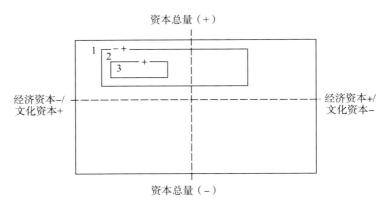

说明：1.社会空间或社会阶级场域；　2.权力场域；　3.艺术场域。

图 3 - 1　文化艺术生产场的位置

尔迪厄思想的简图（见图 3 - 1）[①] 来表示：图 3 - 1 中 1、2、3 是三个叠加的空间。社会空间或者说不同阶层组成的场域由 1 表示，是一个由资本总量及类型决定的二维空间，纵向的 Y 轴表示资本总量（经济资本和文化资本），水平的 X 轴表示经济资本与文化资本的相对数量；权力场由 2 表示，它与社会阶层、文化生产这两个领域相关，在 1 里所处的位置表明其拥有较多的资本量；文化生产场（生活风格空间）由 3 表示，它在 1 中的位置表明其有较多的资本量，但是文化资本占有越多，则经济资本越少。它在 2 中的位置表明其更接近文化权力的一极。3 在整个权力场里是"被统治阶级"，然而在更大的社会空间中又处于"统治地位"，图示反映了知识阶层在整个社会阶层中的位置。在资本主义社会，知识阶层（大学教师、艺术生产者、媒体人等）貌似资产阶级的一部分，其经济社会地位比技术工人、熟练工人、雇农、办公室小职员、小学教师等更高，但他们又受到资产阶级压迫，常常以文学的、理论的、艺术的方式批

---

① 戴维·斯沃茨：《文化与权力：布尔迪厄的社会学》，陶东风译，上海译文出版社，2012，第 158~159 页。布尔迪厄的原图更为复杂，参见布尔迪厄《区分：判断力的社会批判》，刘晖译，商务印书馆，2015，第 204~205 页。

判资产阶级文化。在文化生产场域中，经济资本与文化资本可能呈现出颠倒的关系：

> 作为对一切形式的经济主义的真正挑战，文学（等）领域在一个漫长而缓慢的自主化过程中逐渐形成，它表现为一个颠倒的经济世界：进入这个领域的人做到非功利是有益的……这并不意味着不存在这种具有超凡魅力的经济的经济逻辑，这种具有超凡魅力的经济建立在这样一种社会奇迹的基础上，这种社会奇迹是一切不同于特有审美意图的决定的纯粹行为。①

很多时候，越是"为艺术而艺术"的艺术家、先锋派，似乎越能获得文化资本和社会资本，精英艺术家对市场做出适当妥协，可以改造消费者的趣味，获得意想不到的经济利益。而大量按照市场需求精心炮制、具备各种畅销指标的作品却被淹没在文化产品的汪洋大海之中，遭遇经济和文化意义上的双重失败。在文化生产场域的内部，可以根据经济资本与文化资本对立的程度、所占比例，分化出不同的亚领域，有些是主要供给同行、爱好者消费，有些则是生产供给大众消费的文化产品。文化创意产业倾向于后一种情况，但也有雅俗共赏、在各个社会层面都引起了积极反应的文化产品。在文化创意产业内部又可以依据相同的原则继续细分，新闻传媒业显然受到权力场的影响、制约最多。

文化资本与经济资本的分配比例以及造成的场域分化，在经济生产场内也可以看到，布尔迪厄曾经区分过家族企业老板和技术专家型的商业领袖，后者拥有的文化资本较多，而前者的经济资本较多。文化资本一定程度上会影响企业经营管理的方式和方向、企业

---

① 布迪厄：《艺术的法则》，刘晖译，中央编译出版社，2011，第 192 页。

对利润追求的程度，其至是对某种具体生产技术手段的选择。

文化资本与经济资本的对抗造成了文化生产场的"场域自主性"，同时它还要受到更大范围权力场的影响，所有的文化生产（无论是为艺术而艺术，还是为大众机械复制文化产品）都具有两种原则：自律原则和他律原则，一方面受到外部的政治经济规则的影响，一方面遵循本场域自己的规则，文化生产就在这两种原则之间摇摆。因此，在文化创意产业的生产活动中，文化资本并非首先转化为另一种形态的经济资本按照经济原则在发挥作用，而本就是以两种规律在运行。明确了这一点，我们就可以理解创意企业内部常有的主创人员与投资人、管理者、营销人员之间的矛盾，主创人员较多以文化艺术自身的规律来考虑问题，这并不是他们对商业利益毫不关心，而是在他们看来，只有遵循某种艺术规律，以某种特殊的艺术形式呈现，才能在文化意义上征服观众。投资人和管理者则习惯于从经济规则的角度去看待问题，比如文化产品服务的公众规模、实现创意文本所需的资金投入等等。

2. 文化资本给产品带来双重价值

文化资本具有价值，也可以增殖，社会学家分析的资本代表的权力关系，在经济学家看来就是一种商业价值。在文化生产中同时投入经济资本和文化资本以后，文化产品兼具了经济价值和文化价值。有的文化资本如音乐、电影、文学等艺术类型，可以直接进入消费领域满足人们的文化需求，而有的文化资本则与投入的其他资本相结合，隐含在商品之中，消费者购买这样的商品很多时候正是看中了商品的文化价值。比如率先使用多点触摸技术的苹果手机，看似只是采用了一种新的按键方式，却创造了一种人机互动、混合了虚拟文化信息与现实感官体验，让人沉浸其中的交流、审美效果。苹果公司选择多点触摸而不是传统按键方式，以及其他方面的独特工业设计，显然有乔布斯和主创人员的文化考量在其中，这些文化考量与时代的某些文化心理十分契合。对富含文化价值的日用品、电子产品的追求，甚至会创造出一个亚文化群体。文化资本的投入决定了这些商品的价格要高于一般的同类产品和替代品，而我们往往误认为它们只不过是有复杂使用功能的"高端产品"、舶来品而已。

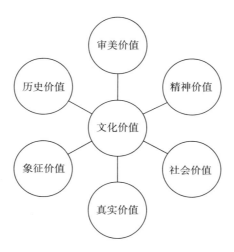

图 3 - 2　文化产品的文化价值构成

　　文化价值不仅仅是指产品的审美价值，还包括其他很多方面，几乎每一个方面都是联系主观和客观的东西。戴维·思罗斯比认为文化价值至少可以包括六方面的内容（见图 3 - 2）。① 审美价值是指文化产品所具有的和谐美观的外形、表现形式以及其他产生审美愉悦的特征。精神价值是指人类所共有的内在品质，经常与终极追问、终极关怀有关，宗教类的文化产品和文明成果如历史文化遗产中的庙宇、神殿、祭坛、塔林等都有特殊的文化意义，这一价值是群体性的。社会价值是指文化产品可以体现人与人的关系，可以帮助我们理解自己在社会中的身份、地位以及所处环境的性质。例如以刘

---

① 戴维·思罗斯比：《经济学与文化》，王志标、张峥嵘译，中国人民大学出版社，2011，第 30 ~ 31 页。

心武的《班主任》等作品为代表的"伤痕文学"、法国二战前后流行的存在主义文学、以《在路上》等为代表的美国"垮掉的一代"文学浪潮，都有独特的社会价值。历史价值是指一件文化产品、文艺作品是如何体现了该时代的生活状况、时代风貌，比如张择端的《清明上河图》不但具有很高的审美价值，也翔实地记录了当时世界上最大城市汴梁的商业、手工业、民俗、建筑、交通等与民生有关的事物景观，为我们研究那个时代的社会状况提供了宝贵的一手资料。象征价值是指艺术品、文化产品有时会超出其表面的符号意义和用途，指向某种"宏大叙事"，比如被拍卖的圆明园鼠首、兔首等十二生肖的"水龙头"雕塑，由于是当年被帝国主义劫掠的文物，与民族情感、民族尊严有关，最终拍出的价格远远超出了原有的价值（与同类艺术品相比），电影人成龙甚至以十二生肖艺术品拍卖为故事原型拍摄了电影。真实价值则是指艺术品是真正原创、独一无二的，这一价值类型在艺术品、文化产品的机械复制时代不具有普遍性，但也很容易看到。例如当代音乐人、歌手因为盗版光盘和网络下载的问题，难以从唱片发行本身获得利润，他们收入的主要来源已经变为每一场独立存在、邀请消费者参与的演唱会。文化资本给产品带来的文化价值有着非常丰富的层次和类型，这些价值对消费者的作用意义与经济价值是不一样的，但它们又能够促使消费者购买该产品，给产品带来更大的经济价值。

3. 知识产权是被保护的文化资本

北京市的文化创意产业概念强调"以文化内容和创意成果为核心价值，以知识产权实现或消费为交易特征"，霍金斯的《创意经济：如何点石成金》也把知识产权放到第一位，他甚至认为是版权、专利、商标和设计产业四个部门共同构建了创意产业。可以说，知识产权已经成为当代文化创意产业的标志之一。

知识产权在法律上有四个规定。第一，它是排他性的、专有的，其对象是人的智力创造，在科学、技术、文化、艺术等领域从事一切智力活动所创造的精神财富，都依法享有权利。第二，知识产权的客体是人类的创造性智力劳动成果，属于一种无形财产或无体财产，但和物理性质的无形资产（如电气）以及属于经济权利的无形财产（如抵押权、商标权）不同，它是人的大脑智力活动的直接产物。第三，知识产权取得的利益既有经济性质的也有非经济性的，这两方面结合在一起、密不可分。因此它与主要代表经济利益的财产权也是有差异的。第四，知识产权还具有地域性和时间性，未加入相关保护条约的国家和地区，以及过了保护期限（比如作者著作权的保护期限为作者去世后 50 年），都不能享受保护。

知识产权制度确保了文化资本所具有的稀缺或独特的文化应当获得回报，有了这样的制度保障，文化资本才从一种带有公共性质的精神产品转变成了私人或特定群体占有的资本。倘若没有知识产权制度保护，优秀歌曲被歌手任意用于商业表演，文学作品被随意抄袭、印刷，影视作品被网络用户任意下载，原创者的利益得不到保护，最终也会伤害他们创作作品的积极性，导致相关产业和行业的衰落。同时，由于知识产权制度的存在，内化的、精神形式的文化资本得以像物质资本一样评估价值（包含审美的、历史的、社会的、象征的等各种价值要素），可以进行自由转让和授权，这样我们才能清楚地把文化资本与原始形态的文化区分开来，才能真正建立起文化商品市场。所以，经济学家霍金斯不无夸张地形容"知识产权是新世纪的货币，版权局是 21 世纪的央行"①。

知识产权与文化资本的概念是交叉而不完全重叠的，前者还包含了科技、工程上的发明创造，所以严格说来"知识产权是被保护的文化资本"这一判断限定在文化创意产业内部。此外，文化创意

---

① 《霍金斯：知识产权是新世纪的"货币"》，《每日经济新闻》2009 年 10 月 27 日。

企业和个人所拥有的文化资本并不是全都以知识产权的形式呈现，比如企业家的创新精神、价值观、信任观、商业道德、义利观等，这些东西影响着企业的经营活动，不属于知识产权范畴，但最终也贡献了价值、参与了分配。

4. 文化资本决定文化消费方式

文化产品本质上是文化符号的文本，乐曲由音符旋律组成，绘画由色彩线条组成，舞蹈用肢体语言来抒情和表意……人们要消费某种文化产品，就要具备一定的知识、修养、性情，具备"文化解码"的能力，在这基础上形成较为稳定的文化消费习惯，这些都是精神形式的文化资本。文化消费其实就是一个人们利用自身文化资本完成文化交流的过程。拥有不同数量、不同类型文化资本的人，其消费文化产品的方式、对文化产品的需求度是不一样的。在音乐欣赏这一消费行为上，接受过精英教育的知识分子、中上阶层可能喜欢欣赏交响乐、音乐会，中产阶级特别是城市青年人热衷流行歌星的演唱会，老一辈观众可能更喜欢地方戏和曲艺。不仅如此，文化资本还会影响人们在文化消费以外的一般日常消费，或者说日常消费的选择也包含了文化因素。布尔迪厄等人研究过日常消费与文化消费的同源性，布尔迪厄在《区隔》里举例说法国的底层男性不爱吃鱼，这不仅仅是因为鱼肉比较清淡、不容易吃饱，更重要的原因在于吃鱼是一项十分小心细致的工作，使得他们吃相笨拙像个小孩，同固有的男子气概相背离。[①] 布尔迪厄提到的这类消费现象在中国古典小说里也出现过，《水浒传》描写李逵初识宋江之时，几人一起到江边酒楼吃饭，"自幼曾攻经史，长成亦有权谋"的宋江要吃鱼还嫌鱼不够新鲜，李逵把鱼骨一起嚼碎合汤吞下，认为鱼肉不好吃，随后又吃下二斤羊肉。对食物的选择看起来只是简单的个人喜好，

---

① 参见布尔迪厄《区分：判断力的社会批判》，刘晖译，商务印书馆，2015，第 297 页。

却也是一种塑造身体形象的方式，反映了消费者积累的文化资本的数量层次。对于当代消费者来说，文化资本决定了他们进行的一般日用消费（食物、日用品等）与文化信息类消费的比例，又决定了他们消费不同文化信息类产品的比例。

从全社会的角度看，没有文化消费的拉动和文化消费市场的繁荣，文化创意产业的发展也就失去了依托和动力。我国经济发展的趋势正在从生产导向走向消费导向，但受全球经济形势影响，目前还是"外需乏力，内需不足"的状态。要扩大文化消费规模、提高文化消费的水平层次、丰富文化消费的结构，就必须在全社会范围内加强文化资本的积累。人的鉴赏品位、审美情趣、文化需求不是天生或者遗传的，而是通过家庭教育、学校教育、职业教育和其他社会活动后天习得的。如果一个城市注重发展教育事业，保护好城市物化形态的文化资本即艺术品和各种历史文化遗存，提高市民的文化素质和文化修养，必然会扩大消费者的文化资本积累。同时，文化创意企业也只有运用好现有文化资本，提供更个性化、有创意的文化产品和服务，才能不断培养新的细分的文化消费市场。

5. 文化资本参与收入分配

我国当前的分配制度实行的是以按劳分配为主体、多种分配方式并存，把按劳分配与按生产要素分配结合起来的分配制度，国家鼓励资本、技术等生产要素参与收入分配。从按劳分配的角度看，企业家在管理过程中付出的劳动，创意阶层的日常创意工作活动，都离不开他们所拥有的文化思维能力。从在西方国家居于主导地位的按生产要素分配的角度看，文化资本也是文化创意产业必不可少的生产要素，创意企业或者需要作家、音乐家创作的精神性作品，或者需要艺术品、历史文化遗存这样的物质形态产品，或者需要知识产权这样被制度保护的文化资本。由于文化资本存在物化的、内化的、制度化的三种形态，它与西方主流经济学规定的土地、人力、资本、劳动生产四要素都有重叠，它既是特殊的劳动，又寓于人力之中，它可以是生产资本的一种，也可以是类似土地一样的生产资源。

无论从哪个角度看，文化资本都理应参与分配，然而现实中的情况却是，在各行业以及文化创意产业自身建立自己具体的分配制度时，往往不能充分考虑文化资本的重要性。我国的生产企业大多能够意识到具有知识产权性质的品牌类文化资本的重要性，在管理入股、技术入股、专利入股以后又部分实现了品牌入股，但是在实际分配中不能充分考虑品牌之外的个体劳动者拥有的文化资本。出现这种情况一方面是由于我们片面地理解了"劳动"的含义，把劳动仅仅等同于操纵生产机器、耕作这样的简单劳动；另一方面是因为文化资本首先是作为符号文本在起作用，人们常常只承认它的合法性而看不到它对生产的实际贡献。以动漫产业为例，由于本土漫画家的创意劳动没有得到充分的保护和较好的经济收益，中国有很多漫画工作者目前只能像运动鞋制造商一样为"漫画王国"日本的文化企业代工，这种文化代工已经达到了相当惊人的比例。

二　文化资本与创意阶层

创意阶层是文化创意产业中最重要的劳动者。美国之所以成为全世界文化创意产业最发达的国家，创意人才起到了关键性因素，从 20 世纪 30 年代起，欧洲的一些科学家和知识分子为逃避纳粹迫害移民美国，为美国带来极大的文化推动力。此后几十年间，美国宽松的政策和发展迅速的文化经济吸引了世界各国的人才，包括 20 世纪 90 年代最大的一次移民潮，造就了今天美国约 1500 万人的"超级创意核心"（佛罗里达）。近年来，创意阶层问题已经引起广泛重视。随着霍金斯《创意经济：如何点石成金》、理查德·佛罗里达《创意阶层的崛起：关于一个新阶层和城市的未来》、戴维·布鲁克斯（David Brooks）《波布族：一个社会新阶层的崛起》等著作成为畅销书，创意阶层概念在大众传媒上频繁出现。无论是专家学者、企业高管还是城市中产阶级都注意到了这种以文化创意为特征的新阶层的崛起。

正如第一章提到的，古尔德纳在 20 世纪 70 年代论述过"文化资本家"和新阶层问题，这一阶层其实早在 70 年代就开始浮出水面，学者们从不同的角度展开了他们的研究。著名社会学家丹尼尔·贝尔（Daniel Bell）认为，正是传统的产业经济向"后工业"经济转型创造出了一批新的精英阶层，包括科学家、工程师和职业经理人、管理者等。保罗·福塞尔（Paul Fussell）在《格调》（1983）一书中谈到"X 阶层"，把这些中产阶级里的中上层分子戏称为"高级穷人"。2000 年，戴维·布鲁克斯提出"波布族"概念，认为新的社会群体身上混合了"布尔乔亚"式的、物质主义的中产阶级价值观，以及崇尚变革、创新的"波西米亚"价值观。而布尔迪厄在《区隔》（1984）中则提出了"新型文化媒介人"（New Cultural Intermediaries）的概念，用来表示在设计、媒体、广告等领域从事符号商品的服务、生产、传播、商业开发的人群，这些人跟一般的城市中产阶级是有所不同的。本研究讨论的创意阶层也是指从事符号生产的文化创意者，不涉及工程师、科学家、高级技术人员等人群。

佛罗里达《创意阶层的崛起：关于一个新阶层和城市的未来》（2002）是目前在学术界以外影响最大的关于创意阶层的著作，国内很多关于文化创意产业的评论文章都要提到这本书。佛罗里达在书中把创意称为"创造有意义的新形式"，他认为人皆可以有创意能力，但创意阶层明显更擅长此道，美国社会已经分化为四个主要的职业群体：农业阶层、工业阶层、服务业阶层和创意阶层。美国的"超级创意核心"群体由"从事科学和工程学、建筑与设计、教育、艺术、音乐和娱乐的人"构成，其任务在于"创造新观念、新技术和（或）新的创造性内容"①，除了这个创意核心，创意阶层还包括商业、金融、法律、保健等领域的创造性专业人才。佛罗里达的书虽然影响很大，却不是一本严格意义上的学术著作。他认为创意阶层崛起的根源是经济性的，在撰写该书时却没有使用财产、资本、产权等概念来讨论创意阶层。他自己的解释是如果使用传统的马克思主义概念，则无法脱离"资本家/工人"的二元对立结构，"创意阶层在物质层面上既不占有，也不控制数量巨大的财产"②。佛罗里达这样的处理既有西方主流经济学家不愿意以政治经济学视角考察经济问题的因素，也有希望把这本著作呈现给企业高管、政府官员、城市中产阶级以及更多人的意图，但他的理论建构不能充分说明文化创意产业中的一些关键性问题。

如果我们选择以文化资本理论的视角看待创意阶层，就会重视文化创意产业中被佛罗里达一笔带过、实际上又很重要的一些问题。首先是创意者贡献的特殊的文化形式能够获得怎样的收益。佛罗里达在《创意阶层的崛起》中使用了《信息周刊》（*Information Week*）的薪酬调查，数据显示，薪酬引发创意阶层对工作不满的可能性要远远大于让这些人满意的可能性，也就是说创意阶层对薪酬的要求是没有被充分满足的。但是佛罗里达对这个问题的解释是创意阶层十分重视工作稳定性，因此他们能够接受较低的报酬。至于给管理层之外的职员配发股票期权——美国发展"新经济"以来出现的一项改革，《信息周刊》的数据也显示这并不被创意阶层所看重。佛罗里达没有说明配给的股权数量是否与创意阶层对生产的贡献相称，是否区别于一般人力资本获得的收益。他对薪酬问题的总结是："金

① 理查德·佛罗里达：《创意阶层的崛起：关于一个新阶层和城市的未来》，司徒爱勤译，中信出版社，2010，第 9~12 页。
② 理查德·佛罗里达：《创意阶层的崛起：关于一个新阶层和城市的未来》，司徒爱勤译，中信出版社，2010，第 79 页。

钱很重要，但金钱并不是全部。创意工作者向往有挑战性的工作，希望工作具有灵活性，而那些低收入的创意工作者也是如此，他们不快乐的可能性更大"①，"在创意经济时代，最优秀的人才是无法用金钱来激励的。钱只是一个加分点，任何领域最优秀的人才，工作的动力都是来自于激情"②。佛罗里达所说的创意阶层对工作本身的看重确实存在，但他回避了创意阶层创造的文化是否应当给予足够的资本收益这一问题，基本上没有把文化创意视为一种资本。即使是美国如此发达的文化创意产业，也广泛存在创意者薪酬偏低的情况，那些生活在底层、外围的创意人员遭遇了剥削和低工资，而他们中的精英分子也遇到类似问题。美国编剧协会多次带领编剧们罢工；将自己定性为"文化娱乐"而非商业联盟的 NBA（美国男子职业篮球联赛），也多次发生球员工会带领球员罢工导致比赛无法如期举行的情况。尽管好莱坞编剧、NBA 球员教练所拥有的薪酬已经比普通人高得多，但作为带来极大经济效益（包括制作成电视节目、光盘、书籍和各种衍生产品的收益）的文化娱乐产品主创人员，他们有足够的理由要求更多的资本收益。这种矛盾的出现表明，在主要为大众制造文化产品的文化生产次场里，经济资本对文化资本的决定性作用十分明显（参照本章第一节关于文化生产场域的图示和解说），这个文化生产次场的"场域自主性"较之纯文化领域、学术领域是很低的。文化创意产业本身具有高风险、高复制成本、市场的不确定性等特点，创意人员无力独自支撑整个生产过程，无法摆脱经济资本对他们的倾轧。

文化资本理论还可以帮助我们理解另一个被佛罗里达一笔带过

---

① 理查德·佛罗里达：《创意阶层的崛起：关于一个新阶层和城市的未来》，司徒爱勤译，中信出版社，2010，第 113 页。

② 理查德·佛罗里达：《创意阶层的崛起：关于一个新阶层和城市的未来》，司徒爱勤译，中信出版社，2010，第 101 页。

的问题，那就是创意者与企业管理者的矛盾。创意常常被人们认为是艺术家、天才的"灵光一现"，但这只是整个创意活动的一小部分，除了非理性的、突然迸发的思维活动，文化创意产业的从业者很多时候要进行资料的收集分析、对目标任务的研究、文本制作、方法改进、方案修正，等等。文化创意活动是一个复杂、专业的文化符号"编码"过程，企业管理者和投资人由于较少积累起相关的文化资本，是难以充分理解符号文本的内在机理和文化价值的。同时，他们还要准确判断消费者有什么样的鉴赏品位，携有不同文化资本的人群的数量、购买能力、消费特点等，这些也需要自身具备一定的文化资本。管理者和投资人要负责整个文化创意产业的商业经营和组织运行，势必从自己的角度对创意活动进行干预。创意阶层的创作自由受到控制，一方面是因为工业化大生产造成了企业管理的科层制和官僚化（马克斯·韦伯意义上不可避免的劳动分工），更深层的原因在于经济资本的规则与文化资本相冲突。即使创意企业没有复杂的等级制组织结构，创意人员不用层层上报、接受审批，投资人也可能干预创意活动。

当代文化创意产业解决这一问题的办法就是：大企业负责搭建融资平台和营销网络，把最初的创意活动交给独立的工作室、小企业或个人来做，这些创意企业成本低、组织结构简单，有较大的自由创作空间。目前，国内的出版业已经被民营书商和工作室占据大量的市场份额，国有出版社的封面设计、校对、印刷、发行和部分编辑工作也都采取外包。在动漫制作领域，创造了国产动漫神话的"喜羊羊"系列（除动画片和电影外，还有玩具、服装、电教产品等衍生产品），最初是由广东的一家小公司"原创动力"制作的，其编剧团队仅有三个人，在人物性格设定和故事讲述上有很多性情之作。而且该作品采用 Flash 制作方式，在技术上连二维手绘的水平都达不到，成本极低，能够以接近同行 10 倍的速度推出新剧集。就是这样一家小企业的"小制作"最后大获全胜，据动漫产业研究专家估算，它近几年拉动的国内商业内需已经超过了100亿元人民币。

相比佛罗里达对创意阶层素描式的观察，文化资本理论更能引导我们去思考这个阶层自身面临的困境，如果创意者不能获得稳定的经济回报，没有充分的创作自由，文化创意产业则不能获得源源不断的动力和文化资本投入。要造就一批甚至一代优秀的创意人才，必须在源头上加强学校教育特别是创新性教育，增加文化资本的积累；在制度上要增加更多的针对传媒、设计、艺术等领域和交叉学科的专业证书，提供布尔迪厄所说的制度化文化资本，这样可以避免其无法恰当评价创意者劳动价值的问题，从而部分改善创意阶层尤其是非明星的底层创意者的待遇；同时，政府为中小创意企业、微型企业提供一些宽松的财税政策，帮助这些灵活的创意主体更好地成长。

三　文化资本与创意企业

经济学家习惯于把企业资产划分为"有形资产"和"无形资产"，但传统的无形资产概念并不等于文化资本，例如现代企业尤其是商业、销售型企业的销售渠道是最重要的无形资产之一，在特殊时期的重要性甚至大于产品价值本身，产品有时候会更改品牌名称和设计，对于消费者来说成了一款"新"产品，然而由于大量稳定、忠实的代理商的存在，可以顺利完成过渡。这种销售渠道的无形资产与文化资本中的社会信任感有关，但不等于文化资本，决定它的主要是企业服务、营销成本和投入规模，然后才是文化的、社会的和政治的因素。企业无形资产还包含了金融资产、经营许可权、某些自然资源等与文化没有直接关系的资产。创意企业的文化资本首先体现在直接投入生产活动中的那部分资本，包括物化形态的艺术品、建筑、历史文化遗存等，精神形式的富有创意的符号文本以及版权。其次，创意企业的文化资本还包括了企业家和管理者的智慧、才华、性情、价值观、道德感，企业内部组织结构、管理和运行方式中所暗含的文化因素，企业的品牌、企业员工整体的精神风貌等等。前文解释过创意企业直接投入生产的文化资本，这里重点讨论后一方面。

经济学家已经注意到企业组织运作形式、管理方式中文化因素的作用。二战以后，属于东亚文明圈的日本、韩国、新加坡以及中国台湾、香港等地区所取得的经济成就引起了世界瞩目，除开这些国家的产业政策、政府推动等因素外，"东亚崛起"是否与儒家文明圈特有的某些伦理道德、商业道德、社会信任关系有关，这一点引起了广泛讨论，至今未有定论。研究国际关系的日裔美国学者弗朗西斯·福山（Francis Fukuyama）在《信任：社会美德与创造经济繁荣》（1995）一书中没有把东亚国家都统一到儒家文明旗号下，他根据社会信任程度的高低把意大利、中国、韩国、法国等国称为"低信任度国家"，把美国、日本、德国等国称为"高信任度国家"。同为"亚洲四小龙"的韩国，其经济成就看起来跟日本很像，福山却评价不高。他分析说，中国、韩国以及中国台湾和香港的传统经济模式是"极端的家庭主义、男性遗产均分制与收养机制的缺乏以及对非亲非故者的不信任综合在一起"①。日本虽然处在东亚文明圈，由于存在过继儿子的传统、长子继承制（次子不能依赖家族企业，必须自立门户），大部分企业实行终身雇佣制等因素，把信任关系推及了全社会范围，而不是主要由血缘、家族关系来缔结。东西方国家的企业最初都是从家庭企业发展起来的，在福山的评价体系里，日本由于社会信任度高、社会的自发交往能力强，降低了企业的商业交易成本，更容易产生现代企业集团；而韩国这样的国家虽然因

① 弗朗西斯·福山：《信任：社会美德与创造经济繁荣》，彭志华译，海南出版社，2001，第89页。

为种种因素取得了很大的经济成就，其财阀式的公司与政府官员密切相关，容易滋生腐败和贫富分化，从总体上讲经济活力有限。

福山的评价有值得商榷之处，但不乏启示意义。虽然与"新儒家"把东亚经济成就归因于儒家文明的结论不同，福山却也揭示了在企业的组织管理和运行中，文化能够起到多大的作用。他没有在《信任》一书中使用"文化资本"概念，而是把社会信任感纳入"社会资本"范畴，与经济资本、人力资本并列，但他同时解释说"社会资本"实际上是从宗教、传统、习俗、文化里产生的。这种以社会文化结构为基础的信任感其实就是一种文化资本，它对企业绩效的提高虽然不好具体估算，但从总体上看是比较明显的。企业内部的信任感（投资人与管理者、管理者与员工、员工之间）可以把一个企业成功地捏合在一起，提高工作效率，增加企业认同感、凝聚力；而企业外部、企业之间的信任感减少了对经济契约和抵押的使用，降低了交易成本，增加交易频度。

文化资本对企业组织管理和运行的影响，不仅是社会信任感，还包括企业的某些经营理念和价值观。企业可能会因为文化上的考虑而降低对利润的追求，把扩大产品的社会效益、增强为公众服务的能力水平、增加员工的薪酬待遇等因素放到更高的位置。文化资本的存在决定了企业不会仅仅为利润最大化而生产，文化创意企业生产的是文化产品，更加注重自身的社会效益和文化使命。这方面的突出例证是德国的出版业，德国图书出版量名列世界第二位，仅次于美国，每年在莱比锡、法兰克福等地举行国际书展，产业规模非常大。然而德国出版业格外重视肩负的提升整个德意志民族思想文化水平的任务，著名的苏尔坎普出版社在创始人苏尔坎普和社长文瑟尔德的推动下，一直保持低利润的运作，从 20 世纪 60 年代以来推出了 2000 多种"彩虹计划"系列思想文化读物，团结和培养了战后德国几乎所有的一流学者、作家、思想家，成为德国文化界的一座重镇。

企业家的创新精神、伦理道德、见识品位甚至个人形象也为企业带来了文化资本，它对整个企业的价值观有决定性影响，是比一般人力资本更加宝贵的资本。企业家王石写过一篇题为《什么是企业家精神》的文章，认为"一个社会总是有一些传统、规范和模式，而认识到这些模式的问题，重新组织要素，并成功为社会创造价值，这就是企业家精神"。他这一解释也赋予了企业家精神以文化资本的意义。王石本人的生活方式和趣味就与他的消费者有一定互动，万科公司早期主要项目就是为城市的新增中产阶层建造郊区住宅，用花圃、叠树、泉溪、坡地营造所谓"城市花园"。王石把大量时间花在热气球漂流、攀登世界七大峰、南北极探险等运动上，与城市中产阶层内心深处的冒险和创新精神一拍即合，他自己也有意地经营这种形象，接拍摩托罗拉的商业广告。中国 IT 产业、文化创意产业的一批著名企业家，也善于利用自身的文化资本，把自己塑造成企业最大的文化符号。阿里巴巴的总裁马云喜欢在企业年会、颁奖礼上扮演各种武侠人物。这些文化创意产业时代的企业家，无论他们本人是否具体从事文化产业活动，大都深谙这些文化资本对于企业员工和消费者的意义，以及对产品的增值作用，他们扮演的是商业文化中的"卡里斯马"人物。

品牌是文化创意产业的另一大文化资本，它由产品的名称、名词、符号、象征、设计及其组合构成，可以引起消费者对该产品的印象判断。品牌是介乎物化形式和精神形式之间的文化资本，它的本质在于为社会大众提供文化服务，这种劳动的效果超出经济利润可以衡量的范围，表现为人们的口碑、美誉度。品牌既是属于文化创意企业的，又是创意阶层集体劳动的成果，对创意人才有感召力。品牌可以获得知识产权的保护，被官方授予各种专业资格认证，如文化产业示范基地、国家 5A 级景区、文化出口重点企业、国家非物质文化遗产等等。品牌既包含文化价值又包含经济价值，其经济价值在某些时候会高于产品固有的价值，当获得制度化的资格认证以后，还能被评估、出售，转化成经济资本。

四　文化资本与创意城市

"创意城市"概念源于 20 世纪 80 年代以来欧洲的城市复兴运动，全球范围内创意产业的勃兴则为城市发展提供了理念和方向。创意城市没有严格定义，联合国教科文组织于 2004 年 10 月开始建立世界"创意城市网络"（Creative Cities Network），旨在通过对成员城市促进当地文化发展的经验进行认可和交流，达到在全球化语境下倡导和维护文化多样性的目标，目前设立了文学、音乐、民间艺术、设计、电影、媒体艺术、烹饪美食 7 种创意城市称号，北京、上海、深圳被授予"设计之都"，成都被授予"美食之都"，哈尔滨被授予"音乐之都"，杭州被授予"工艺与民间艺术之都"。本研究认为，凡是在城市范围内大力发展文化创意产业、以文化创新引领城市发展，都可以称作"创意城市"。打造创意城市可以吸引人才和创意企业，赋予城市新的生命力和竞争力，营造出新的城市氛围。

发展创意城市已经成为当今世界潮流，发达国家的重要城市无一例外地将其作为战略目标。伦敦以大伦敦市长的名义在 10 年间推出了三份文化发展战略，分别是《伦敦：文化之都——发掘世界级城市的潜力》（2003）、《文化大都市——伦敦市长 2009—2012 年文化重点》（2008）和《文化大都市——伦敦市长文化战略草案：2012 年及其以后》（2010）。这些文件把维护和增强"世界卓越的文化和创意中心"作为城市发展目标，指定并发展了创意产业从业者较为集中的文化区，成立战略发展机构"创意伦敦"，下设 10 个创意节点，为文化创意阶层提供工作场地、培训和展览的设施网络。华盛顿制定了《创意城市草案》（2001），并在《创意之都——创意华盛顿行动计划》（2010）中对七大行业、六大创意纲领以及优先执行的事项等进行了规划和描述，把"创造一种能够吸引创意阶层的公民文化"作为城市发展的关键点之一，努力为创意人群提供他们负担得起的工作、生活住房。东京也推出了《东京都文化振兴方针》纲领性文件，出台《十年后的东京——东京在变化》《〈十年后东京〉2011行动计划》（2011）等报告，对重点发展的创意产业项目的路径及目标进行了阐释。

文化资本是打造创意城市的关键性因素。城市拥有的文化资本是指全体市民积累的文化资本总和，但其中对城市发展最具影响力的是一些物化形态的历史文化遗存、建筑、艺术品、城市景观，以及内化形式的非物质文化遗产、城市精神、创意阶层的精神创造等，此外还有制度化的文化资本，包括城市取得的各种文化、艺术、创意领域的称号，曾经举办大型世界文化艺术活动的资质，等等。创意城市的发展必须立足于自身的文化资本，它是一座城市在全球化语境下保持文化独特性和竞争力的核心资源。英国社会学家迈克·费瑟斯通（Mike Featherstone）认为正是文化资本的数量和质量区分了形形色色的世界城市：

由于把一些建筑、物质产品与商品认定为"艺术瑰宝"而加以典范性地保留、一些特殊城市也许就因此积累了自己的文化资本。从这个观点看，根据城市所积累的文化资本多寡和声望的高低，我们可以对城市划分出一个符号等级来，佛罗伦萨、巴黎、罗马就处于这个符号等级的顶端。①

对于如何利用文化资本打造创意城市，西方国家已经有相当丰

① 迈克·费瑟斯通：《消费文化与后现代主义》，刘精明译，译林出版社，2000，第155页。

富的理论和实践，西方城市学研究者提出了"文化复兴"（cultural regeneration）、"城市复兴"（urban renaissance）、文化主导下的"城市更新"（cultural–policy–led regeneration）等概念。埃文斯（Graeme Evans）的《文化规划：城市复兴？》（*Cultural Planning：An Urban Renaissance?*）分析了伦敦、巴黎、维也纳等著名城市的经验，比安奇尼（F. Bianchini）和帕金森（M. Parkinson）等人合著的《城市文化政策与城市文化复兴：西欧的经验》分析了汉堡、利物浦、蒙特利尔等城市的文化复兴经验。哈特利（John Hartley）主编的《创意城市》总结了伦敦等城市在图书出版、电视制作、城市建设和游戏等方面的成绩。查尔斯·兰德利（Charles Landry）的《创意城市》等著作介绍了英国的伦敦、格拉斯哥等城市作为创意文化中心的先进经验，伦敦东区本是伦敦的贫民窟，却通过发展创意产业一跃成为具有世界知名度的文化区。西方发达国家创意城市在文化资本利用上的经验总结起来有以下几个方面。

第一，把历史文化遗存转化为最具城市特色的文化资本。巴黎、伦敦、柏林、东京等创意城市都注重历史文化遗产的保护利用，并建有庞大的博物馆、美术馆、图书馆体系，既保护了宝贵的城市文化资本，有利于发展相关的文化产业和服务业，又提高了市民素质和文化修养，为城市积累了新的精神形式的文化资本，从两种意义上为创意产业提供了动力。这些城市推出了历史文化遗产保护利用的整体设计。法国政府于2007年推出打造世界之都的"大巴黎"计划，把整个巴黎的文化版图以塞纳河为轴向外扩展。东京把原江户中心区重新打造成被称为"水之都"的广阔的城市公共文化空间，举办了"东京萤火虫"等文化旅游活动。柏林的博物馆岛修缮工程是近年来欧洲地区最大的文化投资项目。

第二，打造历史文化遗存之外的现代城市文化景观。现代城市需要包括建筑、雕塑、标示、街景在内的，具备自身特色的各种文化符号和文化景观，这不仅是一座城市文化个性的体现，也是创意经济发展的重要推动力。伦敦借举办夏季奥运会之际，用包括开幕式节目在内的众多文化符号向世界展示了英国强大的文化资本和文化影响力，并以此推动了伦敦东区的进一步复兴。巴黎、伦敦、东京等文化中心城市都在丰富的历史文化遗存之外，新建了一批风格鲜明的新地标建筑，善于找到传达现代文化精神、代表城市风格的新的文化符号，如伦敦近年来新建的碎片大厦，巴黎修建的吕克·贝松电影城，等等。打造城市文化景观这一手段往往与博物馆、美术馆、图书馆等设施建设相结合。

第三，创造性利用工业企业搬迁之后的工业遗存，这些建筑物、厂房也是城市在工业时代文化资本积累，可以供城市创意产业利用。例如德国鲁尔区政府将钢铁厂遗址改造为杜伊斯堡北风景公园，把原有的铁路网变成全园的漫步系统，厂房改造成艺术展厅和旅馆，铸造车间变为电影院；混凝土墙改造成运动者的攀岩墙。英国纽卡斯尔市重点改造了其城东的奥斯本河谷工业区，吸纳了众多的剧院、博物馆、画廊、艺术工作室，有选择地保留一些工业考古遗址；投入大量资金把老的工业仓库改造成了当代艺术中心。北京大山子、酒仙桥地区工业遗存改造而成的 798 艺术区，经过十多年发展也已成为北京的一大文化品牌。

第四，重视精神形式的文化资本的积累，特别是为创意人才的生长创造了一个具有文化多样性的宽松的成长环境。如前文所述，创意阶层的创意活动需要较为宽松的自由空间，他们的生活福利需要一定的物质保障，没有这些条件，文化创意产业则失去动力和活力。佛罗里达在《创意阶层的崛起》中指出，美国一些城市如巴尔的摩、圣路易和匹兹堡等尽管拥有发达的科技研究和世界一流大学，其创意经济增长却并不迅速，其原因在于：这些城市没有充分地给予创意阶层以包容开放的态度和环境。他用"3T"（ Technology、

Talent、Tolerance）即技术、人才、包容来解释创意阶层与区域经济增长的关系（见图 3 - 3）。其中第三个"T"［Tolerance（包容）］的作用尤其重要，极大地影响了城市的创意竞争力，他将包容定义为开放性、包含性和对所有的民族、种族以及生活职业的多样性。一个城市或地区越开放包容，它能够调动和吸引的创意人才就越多。世界上许多重要的创意城市都十分重视为创意人才营造好的环境，例如"创意伦敦"战略发展机构联合大伦敦企业（GLE）、伦敦创业天使（London Business Angel）等组织定期开展一些实验性项目和商业指导、法律咨询等服务，帮助创意工作者做好争取投资的准备，伦敦市政府还在伦敦时装节上力推黑人设计师，举办各种活动来促进少数族裔文化与本土文化的交流融合。柏林市政府在市长克劳斯·沃维莱特（Klaus Wowereit）领导下，大幅度削减政府部门的办公开支，投入巨额资金对城市工业区留下的旧房、空房进行修缮整合，以极低的租金提供给设计师和与创意产业相关的从业人员，建立了大量的艺术工作室、陈列室、小型展览馆、画廊等，从 2001 年至今的十多年时间里吸引了大量的德国乃至全世界的优秀创意工作者，成为创意阶层的创业天堂。

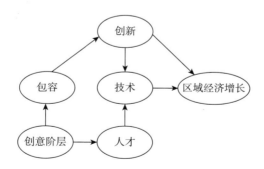

图 3 - 3　3T 理论、创意阶层与区域经济增长的关系

　　第五，通过一些大型文化旗舰项目从整体上拉动文化资本的开发利用。西班牙的港口工业城市毕尔巴鄂在巨大的经济压力和民众

的质疑声中，投入巨资修建了风格独特的古根海姆现代艺术博物馆，一举扭转落后衰败的工业城市形象，相关的旅游和服务收入占到该市财政收入的1/5，带来了"古根海姆效应"，推动整座城市的经济发展。这一成功经验固然有其具体的语境、不是每座城市都能效仿的，却也给我们带来很大的启示。北京举办2008年奥运会、上海举办世博会同样也是通过大型的文化项目，从整体上给城市带来了开发利用文化资本的一次契机。围绕这些文化盛会所进行的历史文化资源保护开掘、城市形象的精心塑造、市民素质的提升、文化创意产业的拓展等，都有力地推动了城市的发展。

第四章

文化资本与文化体制改革

正如布尔迪厄所分析的，文化生产场域由特定的社会历史因素所决定，而文化也只有处于特定的生产场域中才具有资本的效应。我国文化经济的兴起以及文化资本的价值得到全面肯定，是一个渐进的历史过程。本章首先追溯我国文化体制改革以及文化产业、文化创意产业兴起的历程，其间经历了哪些文化政策演变；然后梳理北京的文化体制机制创新历程以及文化政策演变情况。在这一发展过程中，文化生产场域的变化主要来自外部政治经济因素影响，而非场域本身，文化生产场域的变动也带来了文化资本的变动。不同的生产主体在文化生产场域中具有何种地位作用，要取决于其拥有的社会资本、经济资本、文化资本的总和，以及在特定评价体系中各类资本的构成情况。

一　中国文化体制机制的主要特点

文化体制是指在一定时期的经济社会条件下，文化产品和文化服务在管理、生产、分配、交换等环节的组织制度和运行机制。文化体制是国家体制的重要组成部分，我国的文化体制机制经历了从计划经济时代向市场经济时代转变的历史过程，不同时期的特点存在差异，目前正处于深化改革之中。要分析我国文化体制机制的特点，需要放到历史的纵向坐标系和世界的横向坐标系里审视。

1. 中国文化体制的时代特征

我国的文化体制最初参考了"苏联模式"进行制度设计，它起源于新民主主义革命时期，主要是在解放区文化体制基础上发展起来的，顺应了当时的社会形势和革命形势。新中国成立后，我国继续学习苏联的文化建设经验，建立了政府系统的文化管理部门，各行政区省直辖市建立文化教育委员会，负责管理各地的文化事务。

从新中国成立后到改革开放以前，计划经济时代的文化体制推动了新中国各项文化事业发展，曾经发挥重要的历史作用。其基本特征在于：一是体现出党的领导权威，有着鲜明的意识形态特征。始终把文化事业发展置于党的领导和监督之下，根据不同的形势调整国家的文化方针政策。二是文化管理体系高度组织化，文化管理组织严密，在计划经济时代的体制下，国家文化政策方针逐级推广、逐级落实。三是文化生产的主体是政府部门及其下属的文化企事业单位，政府文化财政支撑着文化事业，生产计划和组织运行都由政府来负责。我国计划经济时代的文化体制是高度集中的，有着"大政府、小社会"特征，由党的宣传部门和政府文化部门按照计划实施管理，文化企事业单位共同承担。

在计划经济时代，文化供给基本由国家包办，文化部门及下属的文化企事业单位无疑是具有最多政治资本、经济资本和文化资本的生产主体，在文化生产场域中占据了绝对统治地位，这一时期的"时尚文化"也主要来自官方文化机构。

改革开放以后，党和国家意识到文化体制机制的某些方面存在弊端，在一定程度上束缚了文化生产力，不能充分满足人民群众日益增长的需要，开始改革不适应文化生产力发展的具体方面。我国的文化体制机制呈现出新的态势和特点：从世纪之交开始，进入文化体制改革的探索期；2005 年，中共中央和国务院发出《关于深化文化体制改革的若干意见》，标志着文化体制改革进入全面推进阶段。

目前，我国正在积极转变政府管理职能，加快经营性文化单位的转企改制，发挥市场机制在文化发展中的作用，推动公益性文化单位改革，加强公共文化服务体系建设；提高文化产品质量，扩大文化产品的有效供给。政府采用政策、法律、金融等手段进行引导和监管，保持文化建设的健康有序发展。

2. 中国文化行政机构的职能

和欧美发达国家"重市场、轻政府"的文化体制不同，在我国的文化体制机制中，文化行政机构承担了多种职能。特别是在计划经济时代，我国的文化事业单位大多既承担文化行政的某些职能，自身又具备专业的文化功能。

我国文化行政机构一般有三大职能：一是政治职能，文化具有意识形态的功能，从属于政治，服从和服务于政治大局需要，体现国家统治阶级的意志，维护国家政治秩序的稳定，不让文化活动与基本政治制度相冲突，文化行政成为国家政治职能的重要组成部分。二是文化职能，即国家行政职能机关对文化活动的管理，包括对影视、广播、文学、艺术、新闻、出版、文物保护等各项文化事业的直接管理，实施国家文化方针政策，制定文化发展的战略规划，开展公共文化活动，颁布文化政策措施，指导和监督文化事业发展，推动文化体制机制改革，进行国民思想道德教育等。三是经济职能，在计划经济时代，文化行政部门的经济职能尤为明显，国家充当实际上的文化生产的管理者和组织者，文化行政机构下设若干文化企事业单位，文化行政部门对这些单位进行管理，指导组织文化生产活动。

我国政府系统的文化组织机构包括文化和旅游部、国家广播电视总局、国家文物局、国家新闻出版署、国家版权局、国家电影局等以及其他直属企事业单位，其行政职能是政府管理职能的延伸。一批直属的企事业单位，直接或间接地承担着部分文化行政管理职能。

我国的文化部成立于 1949 年，是中国文化行政的最高机构、国务院的职能部门，在国务院领导下负责管理全国文化事业艺术事业。国务院此后进行了数次机构改革，文化部于 1982 年与国家出版事业局、文物事业管理局、外文出版发行事业局等合并，成立新的文化部。1987 年，文化部文物事业管理局改组为国家文物事业管理局，独立行使职权，但仍由文化部领导。1988 年，国务院再次进行行政机构改革，文化部、对外文化联络委员会、出版事业管理局、文物事业管理局、外文出版发行事业局等行政组织合并成立新的文化部。文化部作为中国文化行政的最高机构，负责制定国家的文化发展政策规划、综合协调、人事管理等。文化部设有办公厅、政策法规司、财务司、人事司、市场司、产业司、公共文化司、艺术司、科技司、对外文化联络局等多个部门。2018 年 3 月，根据第十三届全国人民代表大会第一次会议批准的国务院机构改革方案，文化部职责重新整合，组建中华人民共和国文化和旅游部，不再保留文化部。

文化和旅游部直属机构包括公共文化服务体系中的国家级单位，如国家博物馆、国家图书馆、故宫博物院、中国美术馆等，还包括重要的国家级文艺院团和其他文化企事业单位，如中国京剧院、国家话剧院、东方演艺集团有限公司、中国交响艺术团、中国儿童艺术剧院、中央歌剧院、中央芭蕾舞团、中央民族乐团、中国文化传媒集团有限公司、国家画院、中国歌剧舞剧院等，另外还有文化部文化艺术人才中心、国家清史撰修领导小组办公室、文化部文化市场发展中心等单位。

直属机构按照其主要职能可分为三类：间接行政职能、直接行政职能、不具备行政职能。①直接拥有行政职能的文化事业单位，如国家艺术基金管理中心、文化部文化设施建设管理中心等。②被授权和委托的组织。包括国家文化行政机关以外的其他文化行政活动的管理者，主要由行政授权和行政委托两种方式来进行，一是被授予文化行政职能的文化行业组织，如中国文学艺术界联合会、中国音乐家协会、中国美术家协会、中国电影家协会、中国作协、中国戏剧家协会、中国曲艺家协会、中国摄影家协会、中国书法家协会、中国杂技家协会、中国舞蹈家协会、中国电视艺术家协会、中国民间文艺家协会；二是部分文化企业和事业单位被授权或委托具有文化行政职能，如中国电影集团公司等。③不具备行政责任。绝大部分国有文艺院团、博物馆、图书馆、美术馆等都没有行政职能。

上述各级文化机构都必须接受党的领导。中宣部是中共中央主管意识形态的综合职能部门，其职能主要在于从宏观上指导精神产品生产，负责全局意义上的思想政治工作，负责提出我国宣传思想文化事业发展的指导方针，指导宣传文化系统去制定政策和法规。配合中央组织部做好党员教育工作，会同有关部门推进群众思想教育工作。此外还在中央委托下，协同中央组织部管理文化部、新闻出版署、中国社会科学院的领导干部，会同组织部管理人民日报社、广电总局、新华社等新闻单位和代管单位的领导干部，协调宣传文化系统的各部门关系等。2018 年，中央印发《深化党和国家机构改革方案》，中宣部统一管理新闻出版工作和电影工作，对外加挂国家新闻出版署（国家版权局）牌子、国家电影局牌子。各级党委宣传部门作为党领导文化的职能部门，为文化宣传工作开展提供组织保证。

3. 与发达国家文化体制比较

与发达国家的文化体制相比较，可以更好地分析我国文化体制机制的特点。发达国家的文化体制通常是与其自身政治传统相关联的，哈里·希尔曼（Harry Hillman Chartrand）和克莱尔·麦克考伊（Claire McCaughey）在《一臂之距原则与艺术：过去、现在和未来的国际透视》一文中，把不同国家的管理支持艺术的模式归纳为四种主要类型：一是以美国为代表的"便利者"模式，二是以英国为代表的"赞助人"模式，三是法国为代表的"建筑家"模式，四是以苏联为代表的"工程师"模式。在四大模式中，不同国家管理艺术活动的政策目标、资金使用模式、文化策略、艺术评价标准、艺术家地位都不尽然相同，也有各自的优点和缺点。①

表 4-1 世界各国支持文化艺术的不同模式②

角色	国家	政策目标	资金	文化策略	艺术标准	艺术家地位	优缺点
便利者	美国	多样性	财税支出	不固定	不固定	市场号召力和品位，私人赞助者的财政状况	优点：资金来源多样化；缺点：精英艺术不一定获得支持，私人捐助的估值，质疑利益，税费计算
赞助人	英国	精英	艺术委员会	进化的	专业	市场号召力和品位，私人赞助者和消费者的财政状况，补助	优点：精英支持；缺点：精英主义
建筑家	法国	社会福利	文化部	革新的	社群	艺术家联盟会员资格，直接的公共资金	优点：摆脱市场依赖，"财富差距"；缺点：创造性的停滞

① Harry Hillman Chartrand & Claire McCaughey , "The Arm's Length Principle and the Arts: An International Perspective – Past, Present and Future," in *Who's to Pay? For the Arts: The International Search for Models of Support*, M. C. Cummings Jr. & J. Mark Davidson Schuster（eds.）, American Council for the Arts, N. Y. C, 1989.

② Harry Hillman Chartrand & Claire McCaughey , "The Arm's Length Principle and the Arts: An International Perspective – Past, Present and Future," in *Who's to Pay? For the Arts: The International Search for Models of Support*, M. C. Cummings Jr. & J. Mark Davidson Schuster（eds.）, American Council for the Arts, N. Y. C, 1989.

续表

角色	国家	政策目标	资金	文化策略	艺术标准	艺术家地位	优缺点
工程师	苏联	政治教育	文化生产资料的所有权	修正的	政治	官方艺术家联盟的会员资格，党派支持	优点：集中创造力，达成官方政治目的；缺点：附庸，地下，反常理的成果

美国的文化服务是所谓"便利者"模式，主要通过市场机制实现，国家对文化艺术机构、艺术家、文化从业者进行赞助和捐助，实行减免税等优惠政策，以实现对文化事业的支持。美国没有文化部，很少进行财政拨款，较少直接干涉文化领域的传播与交流，主要是通过法律手段进行宏观调控和监管，完善政策规划。提供何种文化产品主要取决于企业、基金会和个人，而基金会的私人捐赠情况和文化组织、文化机构及个人的发展状况，也取决于它们在市场上的影响力和号召力，以达到资源优化配置、优胜劣汰的目的。国家人文基金会、美国国家艺术基金会代替政府向艺术家和文化团体提供资金支持和技术帮助，以保护美国的艺术文化传统，美国国家艺术基金会和国家级的博物馆、图书馆系统隶属于联邦政府，政府有计划地协调其发展和进行财政资助，但没有行政管辖权。政府主要支持那些非营利性的文化机构，这些机构能够发展有较高艺术价值、品位或实验性的文化产品。美国"便利者"模式的优点是文化建设资金充足，资金来源多样化，但也带来了如何衡量私人捐助、税费计算等复杂问题，高度市场化对精英艺术发展有一定负面影响。

英国有比较完备的从中央到地方的三级文化管理体制，各类非政府的公共文化管理机构和地方政府执行文化政策，分派文化经费。基层地方文化管理部门和艺术组织个人使用这些经费，这种政策体现为赞助者模式，国家承承担着扮演着"赞助人"的角色。英国这一传统是由欧洲贵族时代，王室和贵族对艺术家进行赞助的历史传统演变而来。英国政府虽然不直接提供文化建设所需资金，但通过相对独立的文化艺术委员会、理事会等机构进行项目制拨款，在政策上对非政府组织施加影响。英国"赞助人"模式的优点是对精英文化、高雅艺术的扶持，缺点则是精英主义倾向，不利于市民文化发展。我们不难发现，欧美国家历史悠久的"赞助人"传统与布尔迪厄所批判的欧洲博物馆展示方式之间存在关联。精英化的博物馆、美术馆、图书馆等公共文化设施的建设模式，有利于中上阶层文化资本的再生产，一定程度上降低了社会公众享受文化资源的均等机会。

法国的"建筑家"模式同样受到法国王室、贵族赞助文化的历史传统影响。法国也有三个层级的文化体制机构，法国文化和通信部管理全国文化事务，下设一批直属文化单位，各地还设有文化管理分支机构。法国文化和通信部制定整体的文化政策规划，从宏观上确定发展框架。法国文化部门为艺术家和文化机构提供了大量财政资助，票房受市场的影响相对较小，但也要考虑文化产品销售收入，接受私人的捐助和赞助。总体而言，法国文化艺术事业的商业化程度比其他欧洲国家和美国要低一些。法国政府的文化资金投入较大，文化预算占国家财政预算的比例在欧洲是最高的。法国政府对公共文化发展的扶持和影响很大，其优点是保证文化服务的社会化、均等化、普惠性，缺点是不利于激发文化创新活力。

苏联模式被称为"工程师"模式，文化管理运行的权力高度集中，官方直接干预文化事业各领域的业务开展，艺术家的权威首先来自官方文化机构的各类认可和授权，以取得制度保障的文化资本和社会资本，而非在文化市场上的影响力。其优点是能够集中力量进行重点文化项目建设、服务于政治大局需要，缺点则是脱离群众，使文化僵化、沦为官方的附庸，丧失文化创新活力；高度集中的文化生产不能满足群众精神文化需求。

英、美、法等发达国家的文化体制有相似的特点：制度设计主要建立在市场基础之上，其公共财政的运用同样建立在市场基础上。美国公共文化服务运行模式表现为，让社会自发形成文化需求，通过市场机制加以满足，国家不会直接干预市场。英国政府管理文化事务的时候充分体现了"分权"理念，各地区根据自身文化特色和自身条件发展地方文化事务，英国既没有中央政府直接管办的文化艺术团体和事业机构，也没有地方政府能够直接管办的文化艺术团体和机构。法国虽然是"建筑师"模式，但近年来对文化政策进行了调整，中央政府实施的文化贷款越来越少，财权越来越多地交给了地方。此外，美、英、法等国已经基本上解决了公共文化服务均等化问题，下一步的问题主要是如何提高服务效率。

我国的文化体制最初主要是参照苏联模式建立的，有政府大包大揽的特征。与美、英、法等国家的文化体制机制相比，我国的文化管理更加集中，政府在很长一个时期内是唯一的文化服务供给主体，以法律为依托，通过行政计划和生产的垄断地位，实现对文化产品需求的政府供给。但我国的文化体制也并非完全照搬苏联模式，吸取了苏联模式的一些教训，克服了一些弊端，根据我国国情提出一套比较完整的发展文化事业的方针政策，包括"双百"方针、"二为"方向等。

这些特点都是与一定时期的社会发展相适应的，在历史上曾经发挥积极作用，建立起了新中国各项文化事业，取得重要的文化发展成就，产生了一大批优秀作品和优秀文化人才。改革开放以后，随着我国经济社会不断发展，文化体制机制的某些部分逐渐暴露出弊端，跟不上新形势，越来越不适应发展的要求。此后，我国开始尝试文化体制改革，逐渐转变政府管理文化的职能，引入市场机制，取得了很大成绩。

我国当前的文化体制已逐渐摆脱传统"苏联模式"影响，与法国的"建筑家"模式有更多相似之处，根据国情走出了一条独立自主的社会主义文化建设道路。当前的文化建设分成两大部分，坚持公益性文化事业和经营性文化产业协调发展。政府不断简政放权，通过进行事业单位转企改制，形成了一批新的市场主体，文化产业、文化创意产业蓬勃发展，逐渐成为国民经济支柱性产业。公共文化服务方面，政府仍然是公共文化服务的供给主体，在政府主导下，主要以文化财政投入和税收方式，向社会提供文化产品及服务，也采取了一些向社会购买服务的办法。我国公共文化服务体系建设取得很大成绩，但仍存在一些需要解决的问题：城乡差距区域差距仍然较大，服务效率不高；绩效考核方面，缺少对文化服务文化政策的科学评估体系，缺少包括对服务全过程、服务效果、效能和成本效益的全面考评，等等。

二　中国文化体制改革的政策演变

布尔迪厄对文化生产场域的分析有一个重要结论：资本总量处于优势位置的生产者把文化产品加诸消费者，引导和塑造他们的趣味，而不是相反即由文化需求来推动，文化生产场域并不对应于供求关系。布尔迪厄对场域中每个主体的特点分析，都要返回到其在场域中的具体位置及相互关系。

不同国家的文化供给都分成两大部分，由政府主导的部分和商业化、市场化的部分，前者较为符合布尔迪厄的观察，而后者表现得更隐微一些。尽管会不断做出调整，政府主导的文化供给很难充分满足需求，处于优势地位的文化部门及其下属机构根据自己的设计和趣味，把文化产品送到消费者面前。从各国文化政策的演变看，国家主义话语削弱和推进市场化，是文化政策转变一大趋势，二战以后，发达国家的大城市大多在管理上实行分权，政府职责范围的文化服务逐渐交给了市场，公共文化产品的生产供给呈现多元化趋势。戴维·思罗斯比认为，西方发达国家公共文化政策在二战以后出现了三个转变。①

第一，从国家供给和传播文化的单一模式转变为文化多样性，体现社区价值观的状态。为中上阶层服务的"高雅文化"丧失了支配性地位，在各种资助项目中弱化了对艺术行为、文化产品鉴定的精英标准。对文化多样性尤其是地方社区、不同族裔文化特性的尊重，成为许多世界城市规划里的重要内容。伦敦市长鲍里斯·约翰逊 2008 年发布《文化大都市：伦敦市长 2009—2012 文化重点》，强调要重视文化多样性和草根文化，《伦敦旅游业行动计划 2009—2013》也提出把伦敦塑造为"提供历史遗迹和多民族文化、充满活动的独特目的地"。这类政策使得伦敦、巴黎等国际城市表现出更多文化融合的特征。

第二，从政府公共部门支配文化政策发展为非政府组织行业协会、基金会对文化政策施加重要影响，文化在政府财政预算中的比例逐渐下降，文化发展更多地受到赞助商和私人的影响。这一变革的重要原因是希望扩大公共文化服务的资金来源，减轻政府的财政压力。例如，英国使用体育博彩的巨额收入来支持公共文化服务体系的建设，荷兰的国家博物馆、美术馆已经成为独立的商业机构。同时，这一变革也使得文化机构的管理运转更有效，为公众提供的文化服务更具有灵活性和创新活力。

第三，由于全球化的影响，越来越多的跨国组织，削弱了国家在推行民族文化政策方面的能力。尽管文化政策的主导者仍是现代民族国家，政府对经济文化活动的影响力确实地受到了影响，左右政策的因素越来越源自全球市场和新兴科技。

无论是吉姆·麦圭根（Jim McGuigan）对"国家、市场、公民"

---

① 戴维·思罗斯比：《经济学与文化》，王志标、张峥嵘译，中国人民大学出版社，2011，第 157～160 页。

三种政策话语的概括①，还是戴维·思罗斯比对世界文化政策发展三个趋势的总结，都可以从欧美国家文化发展和文化政策演变中得到印证。中国是世界市场的重要组成部分，这些趋势和潮流同样影响了中国的文化政策演变。我国的文化体制改革正是在国家政策主导下，逐渐承认市场和社会的自主性、能动性，建立起三方协同的文化发展体制机制。

中国的文化政策跟世界发达国家的文化政策调整一样，都是要在新的历史条件之下，解决处理好"国家、市场、社会"三者关系。"国家－市场"的关系调整在文化体制改革问题上表现为积极推进文化市场化，文化事业单位转企改制，大力发展文化产业；而"国家－社会"的关系调整，则体现在逐步形成重视文化公平正义、提供基本文化服务的社会体系，推动基本公共文化服务的标准化、均等化、社会化，不断增强文化服务活力。

本章根据文化政策发布的时间节点，将我国的文化体制改革历程分为改革初期、1992～2002 年、2003～2010 年、2011 年至今四个阶段。

1. 改革初期："以文养文""以文补文""多业助文"

1990 年以前，我国先后尝试了"以文养文""以文补文""多业助文"模式，这些模式形式不一，但都是在寻找资金来源促进文化发展，跟世界其他国家公共文化政策的变革有相似之处。这些模式相比计划经济时代的文化供给方式要灵活得多，政府文化部门的管控变得更加宽松和趋于宏观，文化事业单位的自主权扩大，从业人员的待遇有所改善，许多扩大经营范围的方式都是实验性的。

（1）以文养文

70 年代后期和 80 年代初，我国探索了"以文养文"的文化市场化发展，各地依靠自身的文化优势向社会提供文化服务来养活自

---

① 参见吉姆·麦圭根《重新思考文化政策》，何道宽译，中国人民大学出版社，2010。

己的文化单位。1980 年,中央发出《关于活跃农村文化生活几点意见》,其中提出"当前应主要依靠集体经济的力量来开展农村文化活动,要开动脑筋,广开门路,充分利用现有设施和条件,利用有限的财力、物力,尽可能多办一些事。文化工作也要加强经营管理,学会理财。不要认为搞文化都得赔钱。在可能的条件下,不断增强文化事业本身的收入来发展自己。要提倡勤俭节约,精打细算,多搞些不花钱、少花钱的活动。同时,要想方设法加强专业文艺团体的经济核算,逐步做到自负盈亏,争取多腾出些文化经费用于发展农村群众文化事业"[1]。

（2） 以文补文

80 年代中期,我国的文化体制改革进入了"以文补文"的市场化。"以文补文"的口号是重庆市沙坪坝区文化馆首先提出来的,该馆 1984 年采取办旱冰场、舞厅、艺术学校、画院、文艺协会等各种经营手段创收 30 多万元。1987 年,文化部联合财政部、工商管理局联合发布《文化事业单位开展有偿服务和经营活动的暂行办法》,对"以文补文"模式进行了经验总结,首次以规范性文件对这一模式做出了财政政策性的规定。

（3） 多业助文

80 年代后期,我国的文化事业进入"多业助文"阶段。有的文化事业单位发展农业,有的开展商业经营活动,有的举办服务和加工型企业,有的甚至举办畜牧养殖业。"多业助文"的举措并不完全合理,也引起了一些问题,例如有的文化院团、文化事业单位本末倒置,影响自身文化主业的开展,但总体而言具有重要的理论和现实意义。1988 年,文化部向中共中央和国务院提交《关于加快和深化艺术表演团体体制改革的意见》(简称《意见》),《意见》成为文

---

[1] 中共中央办公厅编《党的宣传工作会议概况和文献》,中共中央党校出版社,1994,第 302 页。

艺领域"双轨制"（国营和非国营）改革的一份纲领性文件。《意见》指出文艺表演团体的问题在于，高度集中的管理造成艺术团体缺少应有的自主权，大锅饭的机制压抑了演员和表演团体的工作积极性，人事管理过于死板，团体的行业和区域分布并不合理，条块分割严重，机构设置上有大而全、小而全的问题。政府过多地参与微观管理，导致宏观调控能力不强。《意见》的改革方案主要有：对某些具有重要意义但不适合市场化的艺术表演团体进行重点支持，包括代表民族发展水平的艺术，具有实验性质、探索性质的艺术，有特别的保留保存价值的艺术，少数民族艺术等。这些类别的表演团体都继续保持全民所有制，国家财政予以支持。全民所有制团体应当积极探索院长、团长负责制，尝试承包制等方式的改革，改变过去捧铁饭碗、吃大锅饭的局面。在财政支持上，国家不仅不减少财政拨款，还会根据实际发展需要增加拨款力度。1989年，中央发出《关于进一步繁荣文艺的若干意见要求》，积极审慎地推进双轨制，建立完善社会主义文化市场。

从20世纪80年代到90年代初，中国率先进行改革、尝试市场化的领域是音乐、歌舞、戏曲、曲艺、魔术、杂技等传统演艺行业，以及一些书画、音乐的教育培训活动。早期的改革标志性事件包括：1979年，广州东方宾馆组建了第一个经营性的音乐茶座；1980年，上海杂技团在全国建立了第一支自负盈亏的专业魔术队；1981年，著名京剧演员赵燕侠承包了北京京剧团，带团到全国演出。这些文化生产领域都带有明显的文化服务特征，文化生产者即时进行体力和脑力投入，而那些通过文本的大规模复制来产生商业利润、最能体现增殖性特征的文化门类，其文化资本得到承认要更晚一些。就像我们看到的，80年代内地流行音乐歌手大多通过翻唱国外歌曲、港台歌曲打开市场，几乎不考虑版权问题。即使是内地原创作品，其词曲作者得到的经济回报也微乎其微，有所谓"十五的月亮十六圆"的故事（80 年代流行歌曲《十五的月亮》获得的唱片公司录制稿酬为 70 元，词、曲作者各 35 元，其中曲作者共有两人，每人分得 17.5 元）。这一时期，翻译引进的外国文学作品、人文社会科学著作也很少为版权付费。直到 1992 年，我国才正式加入《保护文学艺术作品伯尔尼公约》和《世界版权公约》。

2. 1992～2002 年：增加文化财政投入和市场化加快

（1）文化市场化步伐加快

90 年代，文化体制改革继续效仿经济体制改革向前推进。1988 年，《关于加快和深化艺术表演团体体制改革意见》的发布，意在克服国有院团统包、统管体制的弊端。随着国际国内形势变化，市场化改革的步伐一度受到影响，但在邓小平"南方讲话"之后，文化市场化的政策得到明确和巩固，并在 90 年代中后期初步建立文化市场体系。

（2）文化财政投入不断扩大

1992 年，中央发布《关于加强和改进宣传思想工作，更好地为经济建设和改革开放服务的意见》。1996 年的《中共中央关于加强社会主义精神文明建设若干重要问题的决议》首次对文化体制改革进行了全面系统的阐释，提出建立规范的、有效的文化筹资机制，逐步形成精神文明建设的多渠道投入机制，中央和地方政府文化财政投入要逐年增加，其增幅不低于财政收入年增幅。这一阶段强调的是加强精神文明建设、思想宣传工作的财政投入、市场发展和管理问题，还没有对文化领域进行划分。

（3）明确文化产业政策

90 年代末，党和国家开始对文化产业/文化事业做出区别性的政策措施以及相应的机构改革。1998 年，国务院在文化部下设立文化产业司，是我国首个专为文化产业设立的政府机构。2000 年"十五"规划里，文化产业、文化产业政策概念被首次提出，把文化产业和文化事业分开、并提,强调把文化和信息产业的发展结合起来,完善文化产业政策和文化市场建设,加强文化市场管理。第十五届五中全会审议通过具有重大意义的"十五"计划,而被视为我国文化产业政策的开端。2001年,国家统计年鉴第一次对文化产业进行了数量统计管理。同年,颁布《关于深化新闻出版广播影视业改革的若干意见》,要求推进集团化建设,打造一批文化竞争力强的航母品牌,打破新闻、出版、广播、影视等领域的行业和行政分割,推行多媒体化的发展,跨地区联合经营,拓宽企业融资平台、融资渠道,健全文化市场体系,大力实施文化走出去战略,等等。

表4-2　1992~2002年我国关于文化体制改革的政策文件

时间	政策文件	相关内容	意义
1992	《中共中央关于加强和改进宣传思想工作,更好地为经济建设和改革开放服务的意见》	对不同类型文化单位(宣传思想战线、剧团、出版、影视、音像以及社会团体)进行体制改革,要求降低文化单位的税负	实施差异化的文化经济政策,减轻负担;加强文化法规制定
	十四大报告	积极推进文化体制改革,完善相关经济政策,繁荣社会主义文化;拓宽精神文明建设的投入渠道,把文化设施建设纳入城乡建设总体规划	明确使用"文化体制改革"概念
1993	《中共中央关于建立社会主义市场经济体制若干问题的决定》	深化文化体制改革,完善文化经济政策,依法加强文化市场管理;对需要扶持的文化艺术精粹,国家有重点地给予必要的资助	推动文化体制改革,强调文化市场管理
	《中共中央关于制定国民经济和社会发展"九五"计划和二〇一〇年远景目标的建议》	制定精神文明建设的规划,并纳入国家经济和社会发展总体规划,逐年增加对精神文明建设投入,坚持一手抓繁荣,一手抓管理,促进文化市场健康发展	精神文明建设纳入经济和社会发展总体规划,保障文化投入
1996	《中共中央关于加强社会主义精神文明建设若干重要问题的决议》	对文化体制改革的目的、原则、方针做出阐述	第一次系统论述文化体制改革

时间	政策文件	相关内容	意义
1997	十五大报告	深化文化体制改革，落实和完善文化经济政策，加强对新闻出版业的管理，优化结构，提高质量；促进文化市场健康发展；加强文化基础设施建设	文化市场管理体系初步形成
2000	《中共中央关于制定国民经济和社会发展第十个五年计划的建议》	建立科学合理、灵活高效的管理体制和文化产品生产经营机制，政策上继续支持文化事业发展；完善我国的文化产业政策，加强文化市场管理建设	深化文化体制改革，论述改革的目标重点；第一次提出文化产业和文化产业政策概念，将文化产业和文化事业并提
2002	十六大报告	提出全面建设小康社会，必须加强社会主义文化建设。积极发展文化事业和文化产业；继续深化文化体制改革	首次提出"积极发展文化事业和文化产业"

3. 2003 ~ 2010 年：从试点推行到全面铺开

进入 21 世纪以后，文化体制改革工作从试点发展到全面铺开，并在国家政策层面得到确认。我国文化政策的重点是一方面延续 90 年代以来文化市场化改革的思路，确立文化体制改革目标和任务，逐步推展开来。另一方面更加重视社会公平问题，把传统编制下的文化事业建设转化为公共文化服务，最终发展成为建设现代公共文化服务体系的政策体系。

（1）明确并全面铺开文化体制改革

2003 年，十六届三中全会通过《完善社会主义市场经济体制若干问题的决定》，从四个方面将文化体制改革目标明确化，将文化建设放置于三个文明协调发展中的基础性、战略性地位。明确提出我国推进文化体制改革的总目标，按照精神文明建设要求和市场经济发展需要，逐步建立我国的有中国特色又符合市场发展的文化管理体制。经过《文化体制改革试点工作方案》《关于文化体制改革试点工作的意见》的政策试点之后，党中央和国务院发布了《关于深化文化体制改革的若干意见》，全面铺开文化体制改革工作。2008

年，中宣部会同多个部门对试行的文件进行修订、补充完善，出台
《文化体制改革中经营性文化事业单位转制为企业的规定》和《文
化体制改革中支持文化企业发展的规定》，这两个规定对国有文化资
产管理、社会保障投资融资、收入分配人员分流、法人登记等重要
环节做出了规范。

（2）提出建设公共文化服务体系

文化政策从计划经济时代文化事业建设向"公共文化服务体系"
建设转变。2005 年，中共中央《关于制定国民经济和社会发展第十
一个五年规划的建议》在"推进社会主义和谐社会建设"部分提出
要加大对文化事业的资金投入，"逐步形成覆盖全社会的比较完备的
公共文化服务体系"。2006 年，《"十一五"时期文化发展纲要》出
台，这是第一个专门部署文化建设的中长期规划，标志着文化建设
进入顶层设计时期，纲要提出六大目标：发展重点文化产业，优化
文化产业布局结构，转变文化产业增长方式，培育文化市场主体，
大力发展门类齐全的文化市场，打造现代文化物流体系。首次明确
提出"公共文化服务"的概念，在下一阶段的文化建设中，公共文
化服务成为重要组成部分。2007 年的十七大报告指出，加强公共文
化服务是实现人民基本文化权益的主要途径。

表 4 - 3　2003～2010 年我国关于文化体制改革的政策文件

时间	政策文件	相关内容	意义
2003	《中共中央关于完善社会主义市场经济体制若干问题的决定》	提出文化事业单位改革的重点在于深化其内部的劳动人事、收入分配和社会保障制度改革；经营性文化产业单位的改革重点是加快管理体制创新	改革进入综合性试点阶段
	《文化体制改革试点工作方案》《中共中央宣传部、文化部、国家广电总局、新闻出版总署关于文化体制改革试点工作的意见》	北京等 9 个综合性试点地区和 35 个文化单位率先开展试点	探索实践、为全面推开改革提供示范、积累经验、奠定基础

续表

时间	政策文件	相关内容	意义
2005	《中共中央关于制定国民经济和社会发展第十一个五年规划的建议》	要加快政府对文化事业的投入，逐步形成覆盖全社会的比较完备的公共文化服务体系	首提公共文化服务体系建设
2006	国家《"十一五"时期文化发展纲要》	积极推进政府职能转变，形成实用、便捷、高效的公共文化服务网络	国家政策首次明确提出"公共文化服务"
	中共中央、国务院《关于深化文化体制改革的若干意见》	扩大试点、在全国逐步推开	全面铺开文化体制改革工作
	《中共中央关于构建社会主义和谐社会若干重大问题的决定》	从坚持协调发展，加强社会事业建设角度提出推进文化体制改革，加强公益性文化设施建设，鼓励社会力量捐助和兴办公益性文化事业，加快建立覆盖全社会的公共文化服务体系；培育国有和国有控股骨干文化企业，鼓励非公有资本依法进入文化产业，以重大文化产业项目带动发展等	"社会建设"的概念被提到一个新的高度
2007	十七大报告	推动文化内容形式、体制机制、传播手段的创新，解放和发展文化生产力；深化文化体制改革、完善扶持公益性文化事业、发展文化产业、鼓励文化创新的政策等	首次写入"文化软实力"。区分文化事业和文化产业政策：强调把公益性文化事业作为保障人民基本文化权益的主要途径。提出文化产业领域的重点

4. 2011 年至今：全面深化文化体制改革

我国的文化体制改革在 21 世纪初由点到面、逐步推开，到"十二五"时期已经取得重大突破，基本完成了阶段性任务，目前工作是全面深化文化体制改革，进一步解放和发展文化生产力。

2011 年，十六届六中全会通过《中共中央关于深化文化体制改革推动社会主义文化大发展大繁荣若干重大问题的决定》，提出到 2020 年把文化产业发展成国民经济支柱性产业，并决定提出发展文化产业的四大目标：构建现代文化产业体系；形成以公有制为主，多种所有制共存、共同发展的文化产业格局；推进文化科技创新；扩大文化消费。2014 年，中共中央召开第三次全面深化改革领导小组会议，通过深化文化体制改革实施方案，文化体制改革进入全面实施阶段。2017 年，十九大报告指出，推动文化事业和文化产业发展，要深化文化体制改革，完善文化管理体制，加快构建把社会效益放在首位、社会效益和经济效益相统一的体制机制。

表 4 - 4　2011 ~ 2017 年我国关于文化体制改革的政策文件

时间	政策文件	相关内容	意义
2011	《中共中央关于深化文化体制改革推动社会主义文化大发展大繁荣若干重大问题的决定》	提出到 2020 年把文化产业发展成为支柱性产业，基本实现文化产业四大目标	推动新一轮文化体制改革热潮
2012	十八大报告	提出文化建设是中国特色社会主义五位一体总体布局的重要内容。建设社会主义文化强国，关键是增强全民族文化创造活力	建设文化强国，突出文化创新的意义
2013	《国家"十二五"时期文化改革发展规划纲要》	提出我国文化改革发展的 10 项主要目标，包括建立基本覆盖全社会的公共文化服务体系，文化产业逐步成为支柱性产业，加快文化体制机制改革创新等。体制机制创新部分包括培育文化市场主体，深化文化事业单位改革，健全文化市场体系，创新文化管理体制	"文化发展规划纲要"改为"文化改革发展规划纲要"，对文化改革发展做出全面部署
	十八届三中全会《中共中央关于全面深化改革若干重大问题的决定》	在"文化体制机制创新"部分提出，要进一步完善管理体制，建立健全现代文化市场体系，构建现代公共文化服务体系，提高文化开放水平	以"文化市场"取代"文化产业"作为主题词；提出的现代公共文化服务体系、建立法人治理结构、鼓励社会力量和社会资本参与公共文化服务、提高文化开放水平等措施均有重要意义

续表

时间	政策文件	相关内容	意义
2017	《国家"十三五"时期文化改革发展规划纲要》	从文化体制改革、传统文化、理论建设、文化产业、文艺创作、媒体建设、公共文化、文化开放等八个方面确立"十三五"时期文化改革发展的主要目标	把新发展理念贯穿于文化改革发展全过程，全面实现文化改革发展的目标任务
	十九大报告	深化文化体制改革，完善文化管理体制，加快构建把社会效益放在首位、社会效益和经济效益相统一的体制机制	突出社会效益，社会效益在国有文化资产管理的考核中占重要位置
2018	中央《深化党和国家机构改革方案》	中宣部统一管理新闻出版、电影工作	深化机构改革，对新闻出版、影视传媒业有重要意义

三　北京文化体制机制创新的现状

自 20 世纪 80 年代以来，北京根据自身的文化资源状况和城市功能定位，采取了一系列政策措施推进文化体制机制的改革。北京本来同全国一样使用"文化产业"概念，从 2006 年北京市统计局的《北京市文化创意产业分类标准》开始，官方开始界定并正式使用"文化创意产业"概念，上海、杭州等大城市也开始使用"文化创意产业"。文化资本在很多文化产品中处于隐而不显的状态，人们常常意识不到它的存在，对其价值也不能全面评价。从文化资本的角度来看，强调"创意"二字可以突出文化资本的意义和作用，对中国文化产业的提升发展来说是很有必要的。

北京文化体制改革在不同阶段的任务和侧重点有所不同，研究者对此有不同的分期标准。上文纵向梳理了中国文化体制改革的历史进程，还有学者把 2011 年以前的文化体制改革的历史发展分为四个阶段：第一阶段（1990～1997）是初步建立与市场经济相适应的新格局；第二阶段（1998～2002）是培育新的市场主体，组建文化企业和试点的文化集团，支持文化产业园区建设；第三阶段（2003～2007）是进一步推动经营性文化事业单位的转企改制工作，推动文化创意产业发展，巩固首都的全国文化中心地位；第四阶段（2008～2010）主要是挖掘利用首都文化资源，推动联合重组，促进产业结构调整。① 本章把北京20多年文化体制改革的成绩分为四个方面：一是创新文化管理体制机制，二是充分发挥市场作用，三是建立现代公共文化服务体系，四是调整结构布局、提高文化竞争力。这四方面紧密结合，很多时候是同一改革过程的不同侧面，管理体制机制的创新，伴随着重塑市场经营主体和文化事业单位的转企改制。

1. 创新文化管理体制机制

管理体制的变革主要体现在"政企分开、政事分开、管办分离、政资分离"四个方面。2003年，党的十六届三中全会通过了《中共中央关于完善社会主义市场经济体制若干问题的决定》。该决定明确提出，要逐步建立"逐步建立党委领导、政府管理、行业自律、企事业单位依法运营的文化管理体制"。同年，北京市的文化体制改革工作正式拉开帷幕，文化体制改革试点工作领导小组宣告成立，制定《北京市文化体制改革试点方案》。

（1）文化管理体制的改革。一是实现管办分离，政资、政企、政事分开。通过体制改革，政府部门举办事业单位的职能被取消，事业单位的行政职能重新收归政府。部分中央机关直属单位划给北京地方，北京市一批机关直属文化单位进行了压缩合并、撤销编制、转企改制等改革，并探索经营性国有文化资产的授权管理。一些已经完成转企改制单位，如北京市演出公司、北京儿艺股份有限公司等的文化局属经营性资产，授权由北京市国有资产经营有限公司管

---

① 孔建华：《20年来北京文化体制改革的历程》，《新视野》2011年第1期。

理，北京国资公司按照市场化运作模式对它们进行管理和市场化投融资。

二是简政放权，进行审批制度改革。从 2000 年起，北京根据《国务院关于取消和下放一批行政审批项目等事项的决定》等政策文件，逐批次取消和调整行政审批事项，大幅削减审批项目，提高行政审批效率，健全公众监督。通过一系列的改革，北京市大力清理减少了行政许可事项，规范许可程序，推进全程办事代理制。

三是文化行政管理机构改革，创新文化企业的资产组织形式和经营管理模式。2006 年，北京市成立了市文化创意产业领导小组，包括 27 个市级部门在内，市委书记担任文创领导小组组长，建立了紧密结合型的议事协调机制，推动文化经济领域重大决策的审议，促进文化发展与相关行业的融合。成立北京市文化创意产业促进中心，各区县参照这一工作模式成立文化领导机构和办事机构。2012 年，北京设立国有文化资产监督管理办公室（"文资办"），代表政府来履行对国有文化资产的监管职能，以确保国有文化资产保值增值。2013 年，北京市成立市级文化改革和发展的领导小组，重点是要统筹文化资源，统筹文化经济政策，研究政策制定方向。

（2）运用财政法律等调控手段。除文化行政管理外，法律、经济政策规定是文化事业和产业管理的重要手段，文化体制改革需要相应的财政、法律方面坚实有力的保障。北京的文化建设资金主要来自国家、市财政和社会力量三部分。中央财政依托一批重大文化建设工程，采取资金转移支付的方式，支持首都的文化建设与发展。在政府财政支持下，北京建立了基层公共文化服务的经费保障机制，确保对重要文创产业项目、非物质文化遗产保护与传承、大型公共文化活动的经费支持。早在 1995 年，北京就建立了市级宣传文化发展的专项资金，印发管理办法，分为无偿拨付和有偿使用两种类型，最初是由所得税返还纳入财政预算内管理，建立资金专户，后从1999年开始转变为财政专项拨款，采取专项拨款和专项贴息相结合，沿用至今。对郊区县演出的剧目节目给予补贴，对基层公共文化服务设施的建设改造进行补助。同时，北京尝试建立了多元投入新模式。对艺术表演团体的财政补助与演出场次挂起钩来，建立动态投入机制。通过政府购买服务的方式，推动了文艺院团内部的机制改革和服务方式创新。此外，北京市还利用自身的金融业、IT产业等产业优势，建立现代的文化投融资服务体系。

我国的文化立法相对文化产业发展而言较为滞后，近年来加快了文化体制改革的法律体系建设步伐。目前已实施或出台征求意见稿的有《公共文化服务保障法》《文化产业促进法》《非物质文化遗产法》《公共图书馆法》《电影产业促进法》，还有《文物保护法》《著作权法》修订等也都列入立法计划。北京市在文化体制改革和城市文化发展的进程中，积极落实新的文化法规，完善文化市场管理法规。在市场监管方面，北京率先建立了信息化的市场监管系统，并依据《关于进一步深化北京市文化市场综合执法改革的实施意见》，强化首都文化市场的依法管理、推进文化市场的综合执法工作。

2. 充分发挥市场作用

文化体制改革必须遵循文化自身的发展规律，同时发挥市场机制的作用——北京很早就建立这种意识，在中国文化产业发展的理论和实践中都起到引领作用。1996年，北京召开首都文化发展研讨会研究文化的市场化问题，制定《关于加快文化发展的若干意见》这一战略性政策，在全国率先推出文化产业概念。2005年，北京市委九届十一次全会做出了要大力发展文化创意产业的部署，随后成立文创领导小组和文促中心。要发挥市场机制作用，就要推动文化事业单位转企改制，大力发展文化创意产业，把国有文化事业单位塑造为新的市场主体，同时发挥民营企业作用，形成市场竞争和新的文化生产供给体系。

（1）国有文化单位转企改制。北京的广播、影视、网络、文艺院团等领域的大量经营性的国有文化单位进行了转企改制，成为新的市场主体。推动事业单位内部改革，建立干部聘任制、技术人员签约制、考核制度等。2007 年，北京发布《十一五时期文化创意产业发展规划》，提出创新文化体制机制，进一步加大国有文化企事业单位改革力度，使市场在资源配置中起到基础性作用。自 2003 年 6 月文化体制改革试点工作启动到 2009 年底，北京市文化局下属的 53 家国有事业单位采取"转、并、调、撤"减少 40 个，只保留首都图书馆、文化艺术活动中心等 6 家公共文化服务机构，以及昆曲、交响乐等 5 个文艺院团。北京出版社、北京电视艺术中心、北京人民广播电台、北京电视台、北京儿童艺术剧院等单位都完成剥离，进行转企改制、成立企业集团。

（2）推动文化创意产业发展。2002 年，国务院《关于支持文化事业发展若干经济政策的通知》首次使用"文化产业"概念，文化产业得到在理论上和实践上都得到了承认。2003 年，北京市有关部门组织编制《北京会展业发展规划（2004—2008）》和《北京市文化体制改革试点方案》，积极推动北京文化体制改革的试点工作。《北京城市总体规划（2004—20200）》提出促进文化产业快速发展，把大力发展文创产业确立为战略目标，这是首都文化产业发展的一次重大转型。2004 年，北京市召开第四十七次市长办公会，通过了《北京市在文化体制改革中支持和发展文化产业发展的实施办法》，该办法制定了发展文化产业的优惠政策和措施，规定对政府鼓励的试点企业免征三年，包括新闻、出版、报刊、发行、广播、影视、演艺等领域。2005 年 1 月，北京通过《2004—2008 年北京市文化产业发展规划》。

（3）民营文化企业逐步崛起。市场机制激发了民营企业的活力，民营企业从无到有，逐步成为文化创意产业的中坚力量，形成良好的市场竞争，在推动文化产业成为我国支柱性产业的过程中，发挥了重要的支撑性作用。北京的文化民营企业在网络游戏、影视动漫、图书出版等行业表现得尤为突出，创造出了一系列极具市场影响力的品牌。首都文化产业协会、光明日报社和北京日报社联合举办的首届和第二届"首都文化企业30强"评选中，民营企业都占到2/3的比例（见图4-1）。从事文化创意产业的中小企业数量众多。

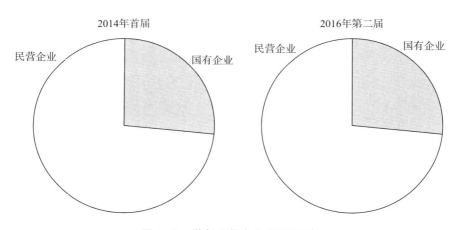

图4-1　首都文化企业30强评选

3. 建立现代公共文化服务体系

现代公共文化服务体系是文化体制改革的重要内容，也是改革推向深入的必然要求。2008年，北京市委讨论通过《关于加强北京市公共文化服务体系建设的实施意见》，提出以政府为主导，以公益性文化事业单位为骨干，鼓励全社会积极参与文化建设，建设覆盖全社会的公共文化服务体系。

（1）推动公益性文化单位改革。北京市面向社会、承担主要公共文化服务职能的博物馆、图书馆等单位都变成了完全公益性单位，并逐步免费开放。兼有公共传播和经营性质的党报党刊、广播电视等分成两部分，具有意识形态功能的保持事业体制，而加工制作、广告宣传、网络传输等环节的文化生产剥离出来，实行企业化管理。全额事业单位根据其执行的任务性质进行压缩、合并、撤编，调整其职能，降低为社会文化服务的财政支出成本。

（2）社会力量参与公共文化服务。政府加大向社会购买文化服务和文化产品的力度，积极吸纳民间人士、专业人士参与公共文化服务决策和监督管理。在相关政策的保护下，北京的民间组织、民营企业和个人开始介入公共文化机构的兴办。1996 年之前，北京的博物馆大多是公办博物馆，受计划经济时代的影响，经营形式比较单一。1996 年，北京首批民办博物馆被批准成立，分别是马未都的观复古典艺术博物馆，何杨、吴茜的现代绘画馆，路东之的古陶文明博物馆，王培珍的北京一针金石碑帖博物馆，此后又有北京松堂斋、民间雕刻博物馆、北京金台艺术馆、北京航空航天模型博物馆等一批民办博物馆陆续开业。2001 年的北京博物馆条例首次以法律形式承认和鼓励社会力量兴办博物馆，并鼓励优先发展北京地区缺少的博物馆门类，体现北京地方文化行业特点的专题博物馆。

4. 调整结构布局，提高文化竞争力

北京一方面抓转企改制、重塑市场主体，另一方面重视文化产业的结构布局调整，文化产业园区和集群陆续推出，打造了一批重点文化企业集团和文创园区。集团化改革从 1990 年代末就开始实施，伴随了管理、保障、人员组合、收入分配方面的体制机制创新。

（1）组建文化产业集团。文化产业集团是文化体制改革的突破口。北京从 90 年代末开始，利用申办奥运会的机会对优势资源进行整合，组建文化企业和产业集团，推动跨领域、跨行业、跨地区的联合重组，尤其是在影视、出版、传媒等行业率先建立大型文化产业集团。例如中国杂技团在改革中尝试分步推进、分期注册，与中国银泰投资有限公司共同出资，联合组建中国杂技团有限公司。奥运会结束以后，北京进一步实施了文艺院团、文化企事业单位重组，这是后奥运时代"人文北京"建设的重要内容。其中包括北京演艺集团、北京出版集团，由北京北广传媒集团、北京人民广播电台、北京电视台联合组建成北京广播电视台，后者还与北京市文资办共同出资组建北京新媒体集团。

（2）建立文化创意产业园区。文创园区是制度创新的重要抓手。从 2006 年开始，北京陆续认定了四批共 30 个市级文化创意产业集聚区，后整合成 19 个文化创意产业功能区，此外还有多家国家级文化产业示范基地。2007 年，北京《十一五时期文化创意产业发展规划》提出对现有文化产业结构进行调整，盘活现有存量与优化增量并重，新建的文化创意产业集聚区要做到功能完备、布局合理，要整合北京的优势资源，培育文化创意龙头企业，要有较强竞争力。增强北京文创产业的创新能力，建设以文化企业为主体、市场为导向、产学研结合的文化创意产业创新体系。2014 年，北京在原有文创集聚区的基础上，推出《北京市文化创意产业功能区建设发展规划（2014—2020 年）》，目标是使文创功能区形成"一核、一带、两轴、多中心"布局，并形成"两条主线带动，七大板块支撑"支撑体系。2015 年，北京发布首批"市级文化创意产业示范园区"名单。

四 北京文化体制改革的政策演变

北京除落实国家文化体制改革的各项政策措施外，还制定实施了一批地方性的政策文件，按照主题来划分有四大类。一是直接推动文化体制改革的文化政策。二是关于文化创意产业和文化市场方面的文化政策，如 2006 年《北京市促进文化创意产业发展的若干政策》，重新调整文化创意产业发展布局，又如《北京市文化创意产业功能区建设发展规划（2014—2020 年）》等。三是关于公共文化服务体系建设的政策。近年来建立的公共文化服务体系"1 + 3"的政策体系是文化体制改革的重要内容，包括《北京市人民政府关于进一步加强基层公共文化建设的意见》和《首都公共文化服务示范区创建方案》《北京市基层公共文化设施建设标准》《北京市基层公共文化设施服务规范》。此外，还出台了一系列文化事业发展的专项资金管理办法，包括关于基层公益性演出活动专项资金、文化惠民低价票补贴专项资金管理办法、舞台艺术创作生产奖励扶持专项资金管理办法等。四是在实施京津冀协同发展战略之后，跨区域进行文化体制改革的一些政策措施，例如联合出台《京津冀新闻出版广播影视协同创新战略框架合作协议》等。

　　第一大类直接推动文化体制改革的文化政策是政策先导（见表 4 - 5），主要落实文化体制改革试点工作、变革文化管理体制机制，解决文化事业单位的转企改制问题、培育新的市场主体。这批政策集中在两个时段：第一个时段是 2003 ~ 2006 年，进行文化体制改革试点工作并全面推开的阶段。2003 年，北京市成立文化体制改革试点工作领导小组，同年制定的《北京市文化体制改革试点方案》做出了"扶持一批、改制一批、重组一批、剥离一批"的工作部署，不设具体时间表，"成熟一个推进一个"。第二个时段是 2011 ~ 2015 年，在文化体制改革已经取得阶段性成果之后继续全面深化改革阶段推出的一些新政策，主要任务是加快转变政府文化行政管理职能、健全国有文化资产管理体制等，如《北京市文化创新发展专项资金管理办法》。

表 4 - 5　北京文化体制改革的重要政策文件

时间	部门	名称	内容/意义
1996	北京市委办公厅、市政府办公厅	《关于加快北京市文化发展的若干意见》	开创与市场经济相适应的文化发展新格局
2003	北京市文化体制改革试点工作领导小组	《北京市文化体制改革试点方案》	启动改革试点工作
2005	北京市文化体制改革领导小组办公室	《北京市在文化体制改革试点中经营性文化事业单位转制为企业的实施办法》	推进经营性文化事业单位转制为文化产业企业、文化创意企业
		《北京市在文化体制改革试点中支持文化产业发展的实施办法》	
		《关于提供中央在京经营性文化事业单位转制为企业名单的函》	
2006	北京市委办公厅、市政府办公厅	《关于深化北京市文化体制改革的实施方案》	培育文化市场主体(重点为文艺院团转企改制),推动新闻出版改革,加强科学管理
	北京市地方税务局	《关于下发中央在京经营性文化事业单位转制为企业名单的通知》	推动事业单位转企改制
	北京市文化体制改革领导小组办公室	《关于提供经营性文化事业单位转制为企业的名单的函》	
	北京市发展和改革委员会	《北京市促进文化创意产业发展的若干政策》	加快发展本市文化创意产业,认定集聚区和重点文化创意企业
2011	北京市委	《关于发挥文化中心作用加快建设中国特色社会主义先进文化之都的意见》	实施文化创新工程,激发体制机制活力
2012	北京市财政局	《北京市文化创新发展专项资金管理办法》	设立百亿元专项资金推动文化创新
2013	北京市委办公厅、市政府	《关于分类推进事业单位改革的实施意见》	深化事业单位改革
2014	北京市委办公厅、市政府	《深化文化体制改革加强全国文化中心建设的实施意见》	提出了完善文化管理体制等八项任务
2015	北京市委办公厅、市政府	《关于创新事业单位管理加快分类推进事业单位改革的意见》	创新文化管理体制机制

第五章

北京的文化资本储备

本章首先对北京城市文化的"资本化"做出界定，然后对北京城市发展的文化资本储备进行梳理，将文化资本分为物质形式、精神形式和被制度保证的文化资本三个大类，其中被制度保证的文化资本主要是指北京在国际社会取得的各种与文化有关的世界称号、头衔、专业认证和举办大型国际文化活动的资质、资历等，也包括国家和北京市授予单位和个人的类似资格。对这一部分文化资本的区分是遵循布尔迪厄关于三个文化资本类型的划分原则，也是因为制度保证的文化资本是联系主客观的东西，不能简单地归入物质或精神形式之列。被认可的文化资本正如商业领域的品牌、名牌一样，可以超越商品本身的价值，被城市规划设计者和文化创意企业所倚重。

一 城市文化的"资本化"

并不是每一种城市文化都可以看作资本。文化资本具有符号性、价值性、增殖性、流动性的特征，只有当它包含的文化信息被认为是有价值的，值得人类去积累、传习、转化，才谈得上是城市发展所需的资本，才会被社会制度保护并获得经济收益。比如，众多民间传统曲艺形式都属于非物质文化遗产范畴，也可以带来经济价值，但有的存在某些文化糟粕，在新中国成立后被取缔或改造，相声等曲艺门类进行了转型。近代中国深受鸦片之害，这种"休闲生活方式"与茶道一样，也称得上是一种社会文化并具有经济效益，但它无疑是一种社会糟粕。鲁迅在《拿来主义》中曾以鱼翅、鸦片、烟枪和烟灯、姨太太作比喻，提醒我们区别对待不同类别的文化遗产。

城市积累的文化财富、文化资源要"资本化"，实现其文化价值、社会价值、经济价值可以有多种途径，并不是只有产业化和市场化一条道路。因为文化资本自身运行的原则不是经济的，社会的文化生产场域很多，有文化创意产业，也有学校教育和博物馆、美术馆、图书馆等非营利性的文化事业，后面这些领域都能把城市文化资源变成城市发展所需的文化资本，但它们都不是严格意义上的产业。文化事业同样是从事精神产品的创造、生产以及文化服务的组织机构，其中的学校教育是文化资本积累传递的重要场所，它虽然经常被人们以产业化的眼光看待，但归根结底是为社会培养人才，产生利润并不是它的主要目的。

文化创意产业毫无疑问是将文化资源转化成文化资本的主要途径之一，其转化的模式包括：企业经营模式，依靠文化创意企业的投资，直接生产出文化产品、提供文化服务。举办大型文化体育活动、国际会议，带动相关的文化产业和服务行业，为城市文化提供一个集中展示、传播的平台。举办节庆活动，挖掘城市自身的特色文化资源，通过文化资源的系统整合和群体效应来将其资本化等。

从文化资本占有的主体来说，城市层面的文化资本包括了社会个体积累的文化资本，例如鲁迅的文学作品为绍兴这座小城带来的文化资本，更多时候则是指社会群体创造的、在历史长河中积累、经过时间检验的公共的文化财富。当代市民包括城市外来创业者创造出的新的城市文化也属于文化资本范畴，例如深圳"拓荒牛"代表的进取精神。城市的文化资本还表现在某社会阶层的文化创造，如文化创意产业中的创意工作者，从事人文和社会科学研究的知识分子的创造，进行创作和表演的文艺工作者的劳动成果等。这些文化成果来自该阶层和群体自身特定的文化资本，来自精神层面的思想文化、精神品质和趣味爱好，又经过社会传播和文化产品的消费，变成被城市所共享的文化资本。

如果具体到文化创意产业来看，其创意企业、创意阶层所拥有的这部分文化资本，尽管可归入城市的文化资本总体之内，但由于文化创意产业是以知识产权为特征的产业，国家和社会以法律制度的形式保护了创意者的各种利益，他们的文化资本就呈现出双重特性：既是公共文化财富（文化资源）的一部分，又是他们本人专有的、排他性的，与他们人身相关的（尽管受到地域和时间的限制）。从这个意义上讲，文化创意产业的确把城市的文化资源彻底地资本化、个人化了。那些看起来似乎完全属于中国人的文化资源，例如武侠、熊猫、中国菜、花木兰等文化符号，被西方人十分自如地运用着，因其文化创意产业的胜利，反过来在中国市场实现其经济价值和文化价值。最终这些加入了新创意的形象和符号文本又成为西方文化创意企业独占的知识产权，不得随意使用和侵犯。

北京作为历史文化名城、国家首都、文化中心城市，拥有丰富的文化资源，可以在文化创意产业、文化事业等文化生产场域内转化为文化资本，可称之为"文化资本储备"。下面从物质形式、精神形式和制度保证三个方面梳理其现状和各自的基本特点。北京所拥有的经济资本、社会资本在一定条件下也可以转化成文化资本，但不在本书讨论范围内。

二　物质形式的文化资本

1. 城市景观

城市景观（Cityscape）是指城市中由街道、广场、建筑物、园林绿地等共同组成的外观及氛围，它是历代人民的劳动创造的结果，同时还包含了当下市民在城市中的日常公共活动，因此城市景观又分为活动景观和实质景观。城市景观包含了街区、道路、标志性建筑、公共文化设施、风景名胜和城市整体特征等多项内容，是发展休闲、文化旅游和其他文化、服务产业的重要文化资本。这里主要从文化创意产业角度进行北京的文化资本梳理，为了研究的方便，着重讨论作为现代城市实景的街道布局和城市整体风貌，然后根据不同的功用，分别梳理公共文化设施、历史文化遗存、创意空间等不同门类。

北京的城市景观首先体现在城市空间结构，目前的城市格局是历史文化名城保护与现代城市规划相结合的产物。北京的城市空间布局过去被描述为"两轴、两带、多中心"，在《北京城市总体规划（2016—2035年）》中调整为"一核一主一副、两轴多点一区"。其中的"两轴"即中轴线及其延长线、长安街及其延长线。北京以宫城为中心的向心式格局和自永定门到钟楼长7.8公里的城市中轴线是古代北京城市建设的突出成就。新中国成立后，北京市在中轴线上又建设了天安门广场、人民英雄纪念碑、毛主席纪念堂、奥林匹克公园等设施。老的中轴线目前正在实施周边整治和申报联合国"世界文化遗产"。北中轴的奥体中心发挥着国际交往、国家体育文化功能、奥林匹克森林公园具有生态功能。南中轴地区未来将结合新机场建设提升国际交往功能，并建设南部的森林公园。

北京众多文化功能区具有鲜明的文化符号意义和经济文化价值，同时这些区域又开展了大量的文化活动，形成城市活动景观。中轴线上的奥林匹克公园不但坐拥众多体育场馆、文化场馆，在规划设计和建筑风格上也与原有的城市景观相结合，渗透传统园林建筑的美学思想，符合绿色生态理念。奥林匹克公园是对北京历史文化脉络的继承和丰富，又体现了开放创新的城市精神，目前，它已经发展成为重要的体育、文化、休闲会展和奥运标志旅游地，到 2018 年初，累计接待游客 4.5 亿人次，成为国家 5A 级景区。孔庙、国子监所在的国学文化展示区举办北京孔庙国子监文化节，安排国学教育成果展示、明清进士书画艺术展、国学文化体验游、儒商文化论坛等特色文化活动。太庙（劳动人民文化宫）举办"太庙国学讲坛"。什刹海、阜景文化街是北京历史文化保护区之一，也是老字号企业高度聚集的区域，举办"人文生态文化深度体验"系列活动，挖掘整合区域内的老字号资源、传统民俗、民间技艺，推动特色旅游。作为皇家园林展示区的圆明园成功举办皇家园林旅游节，主题文化活动包含宫廷特色美食周、皇家园林艺术周、皇家休闲文化周、山居养生文化周、京西御稻插秧节等，还举办了"亲历北京"文化交流活动。南锣鼓巷作为四合院休闲文化区，依托周边高校资源，成功举办"惊蛰锣鼓"民俗文化节、胡同文化节、戏剧节等活动，以文化、餐饮、民俗、购物吸引了众多的中外游客。利用军工、电子工业老基地建成的 798 艺术区，聚集了 200 多家国际艺术机构，已成为首都文化新地标，目前正着手扩容增效，联合大山子地区的多家老厂房组成新的文化创意产业功能区。

北京拥有众多现代"地标"建筑，形成了对北京城市发展和市民生活均有重要影响的城市空间景观。这些城市地标包括国家体育场（鸟巢）、国家大剧院、国家游泳中心（水立方）、复建后的前门大街、什刹海、国贸大厦、西环广场、金融街、北京西站、中央电视台总部大楼、中关村西区、朝阳 CBD 等。在北京奥运会期前后，鸟巢、水立方、国家大剧院等地标建筑引起世人瞩目，鸟巢、水立方采用的建筑结构手法、材料手段以及"天圆地方"、中国红"内胆"等设计都有独特价值。这些地标建筑或凸显本土历史文脉，或体现现代主义美学风格，或将现代与传统的文化精神相融合，具有强烈的象征色彩和文化符号意义，是北京作为国际城市拥有的一笔巨大的文化资本。

北京有丰富的城市公共艺术作品，不仅数量众多、种类丰富、艺术精美，还表达了深层次的文化内涵，也为发展城市文化旅游提供了资本。这些作品包括国家和政治意义上的大型雕塑、纪念碑和用于美化城市和加强精神文明建设的各种城市雕塑、壁画等。天安门广场上的人民英雄纪念碑是中华人民共和国成立后，北京第一座主题崇高、艺术恢弘的作品，以新的建筑美学和意识形态诠释了中国人民在争取民族独立和人民解放的历史过程中的重大事件。这种表现重大政治历史事件和纪念主题的公共艺术作品，还有中国人民抗战纪念馆前的《怒吼吧！中华》、中国人民抗日战争纪念碑、抗战纪念雕塑园雕塑群，纪念新中国成立 50 周年的《树》《龙》《书》《中国风》《和风》《蒸蒸日上》等。王府井大街的《逝去的记忆》《时空对话》《对弈》等铜质群雕表现和诠释了老北京城昔日繁华的商业和文化历史，是对城市历史文脉的续接。石景山雕塑公园是全国第一个雕塑主题公园，包含了阳光雕塑、林荫雕塑、水域雕塑三大类别，是新时期北京雕塑家对艺术作品与环境空间关系的实验性探讨。元大都遗址公园雕塑群体现了以文化塑造城市公共空间、丰富城市文化内涵的理念。围绕北京奥运会的举办，北京还推出了一批奥运城市雕塑，数量达 300 座。这些雕塑作品既有其美学品质，也参与构建了艺术化和审美化的城市文化空间和公共交往空间。

2. 历史遗存

联合国教科文组织 1972 年发布的《保护世界文化与自然遗产公约》对"世界文化遗产"的定义是："①文物：从历史、艺术或科学角度看，具有突出、普遍价值的建筑物、雕刻和绘画，具有考古意义的成分或结构，铭文、洞穴、住区及各类文物的综合体；②建筑群：从历史、艺术或科学角度看，因其建筑的形式、同一性及其在景观中的地位，具有突出、普遍价值的单独或相互联系的建筑群；

③遗址：从历史、美学、人种学或人类学角度看，具有突出、普遍价值的人造工程或人与自然的共同杰作以及考古遗址地带。"参照这一分类方法，北京历史遗存类的文化资本可分为：历史纪念物（文物）、历史建筑群和考古遗址。同时又可以按照形态分为物质文化遗产和非物质文化遗产，后者属于精神性的文化资本。

历史文化遗产体现了城市文化特色和城市文脉，是文化创意产业发展的重要文化资本。过去处于文化产业阶段的旅游业，大多以门票为主要收入来源，文化服务和文化产品的种类形式十分单一，产业规模有限，甚至一度被认为不能划入文化产业之列。而进入文化创意产业阶段之后，历史文化遗产的保护利用逐步向综合性的文化旅游转化，综合运用声光电等科技手段。以展示本地区人文历史特色为主体的旅游演艺产品，包括民族特色类、非物质文化遗产演示类、山水实景类的旅游演艺产品的相继出现，适应了文化消费市场的需要。

近年来，北京还开始重视近现代工业文化遗产的保护利用，这也属于历史文化遗存的范畴。北京拟建立工业文化遗产保护数据库，以推动优秀近现代建筑和工业文化遗产的保护与再利用。北京的历史遗存类文化资本主要包括以下几个方面。

北京城。北京旧城范围为明清时期北京护城河及其遗址以内（含护城河及其遗址）的城市区域，呈"凸"字形城郭，由宫城、皇城、内城、外城四重城郭构成。明清北京城是在辽、金、元时期北京城的基础上发展起来的，是历史文化名城保护的重点区域，其中红墙、黄瓦的紫禁城（故宫）既是传统文化的象征和最具影响力的中国文化符号之一，也是我国古典建筑艺术的最高典范。北京旧城中多项内容都是被保护的对象，包括历史水系、中轴线、街道道路、街道对景、建筑色彩、古树名木、城市景观线等10个方面。南北中轴线和朝阜大街所构成的"一轴一线"是旧城风貌骨架。中轴线集中了钟鼓楼、恭王府、皇城墙、中南海、故宫、太庙等文化遗存；朝阜大街西起阜成门，东至朝阳门，长约 7.45 公里，集中了历代帝王庙、白塔寺、广济寺、鲁迅故居、西什库教堂、京师大学堂遗存、孚王府、东岳庙等众多文物和文化保护资源，建筑风格各异，古代皇权正统文化和多元文化交会，是另一条极具历史文化特色的景观走廊。

皇家园林。皇家园林是古代帝王生活、休憩或处理政务之所，体现了古代政治仪典、起居规则等文化内涵，在古代有"苑""囿""宫苑""园囿""御苑"等称谓。北京的皇家园林有"三山五园"之说，目前通行的讲法为香山、万寿山、玉泉山，以及山上建造的清漪园（颐和园）、静宜园、静明园，此外还有附近的畅春园和圆明园，统称五园。其中颐和园是中国现存规模最大的皇家园林，曾被英法联军焚毁，现为世界文化遗产；圆明园是中国园林艺术的顶峰之作，与颐和园毗邻，与长春园和绮春园组成，也称圆明三园，曾被外国传教士誉为"万园之园"，被英法联军焚毁后仅存遗址，是爱国主义教育基地。香山是北京最著名的森林公园，其历史可追溯到金代的大永安寺，清代建有静宜园。除三山五园外，著名园林还包括什刹海地区、南海子、动物园等。什刹海地区在明清时期汇聚了上至皇亲国戚、士大夫下至普通百姓的各阶层文化，既有恭王府等皇室建筑又有大量胡同民居，加上固有的水域风光和近现代名人故居，已发展成为北京最著名的文化旅游和休闲风景区之一。南海子是辽、金、元、明、清五代的皇家猎场和园林，现为北京最大的湿地公园。动物园前身是清代"万牲园"，存有乐善园遗址。

文明遗址。北京著名的历史文化遗产除上述皇城、皇家园林、陵寝、皇家建筑之外，还包括长城、周口店北京猿人遗址、西周琉璃河、团河行宫、金陵遗址、延庆古崖居遗址，以及京张铁路遗址等工业文明的遗存。北京地区的长城包括居庸关、八达岭、慕田峪、箭扣、黄花岭等著名的关隘城垣，它是古代劳动人民创造的建筑奇迹，具有物质和精神两方面的价值。作为军事防御设施，长城曾在历史上发挥重要作用，体现了古代军事思想和战略战术；它是古代民族关系史的缩影，具有浓郁的民族色彩、地域色彩，反映农耕民族与游牧民族不同生产、生活方式之间的冲突与融合；作为最宏伟的古代建筑工程，它体现出建造者的思想情感、价值取向，汇聚了多个时代社会的人文信息；配套的军屯、民屯、商屯体现了古代商业经济的发展方式；以长城为题材的文学、绘画、曲艺作品长盛不衰。长城是涉及军事、考古、交通、建筑、地质、气象、农业、文学、艺术等多个领域的珍贵历史遗存，在今天已成为民族和国家的象征，具有丰富的精神内涵。周口店北京猿人遗址、西周琉璃河、团河遗址、金陵遗址和圆明园遗址将建成为北京市的"大遗址公园"。房山琉璃河地区有重要的西周燕侯贵族墓地遗址群，房山金陵遗址共葬有金代"始祖"至章宗 17 个皇帝、后妃及诸王，是北京地区第一个皇陵，比明十三陵早约 200 年。团河遗址则是明代皇家猎场、清代行宫，被称为"皇都第一行宫"。北京的古代文明遗址还包括其他石器时代遗址（山顶洞人、新洞人、东胡林人等）、署衙驿馆、庙宇宗祠、学府贡院、桥梁设施等。

　　文化街市。北京目前的历史文化街市主要包括琉璃厂、前门大栅栏、隆福寺、王府井、牛街、天桥等最主要的八大街市。琉璃厂本是清代进京应试的举人居住之处，因此出售笔墨纸砚和字画书籍的店铺较多，形成老北京城重要的文化市场，现已发展成为全国著名的古玩市场、书画市场、文具市场、古籍市场。前门大栅栏拥有多家有代表性的老字号商铺，是清代以来北京最著名的商业区之一，已经按照原设计复建了部分建筑。隆福寺是清代以来的又一处商业街，汇聚过饭庄、商铺、古玩铺等店铺，现已变为现代商业购物中心。王府井大街的历史始于明代，汇聚了工艺美术商店、全国最大的新华书店、外文书店、利生体育用品商店、中国照相馆等专业商店，是"北京商业第一街"。牛街从宋元时期起就是北京的穆斯林信徒聚居之所，售卖清真特色的饮食小吃，民族文化的特色浓郁。位于西城区的天桥原为清代和民国的民间演艺场所，现在的定位是"老北京民俗文化街区"，仍然以剧场演艺、传统文化展示、售卖文化旅游产品、休闲娱乐等为主要产业。

胡同故居。"胡同—四合院"是北京特有的民居形式，也是最具中国特色的文化符号之一。北京旧城原有棋盘式道路网络和众多胡同、院落，拥有大量的名人故居。比如锣鼓巷是地安门东大街附近由19条胡同组成的胡同群，齐白石、茅盾等人曾在此居住，经过整体保护修缮，是目前北京最完整的的四合院区，已发展成为北京富有特色的休闲酒吧街区，吸引了众多的中外游客。据市政协调查的数据，北京的名人故居数量众多，仅旧城范围内就有名人故居308所，可分为近现代文化名人、现代革命人物、封建时代的名人三大类。其中鲁迅故居、毛泽东故居、李大钊故居、康有为故居、梅兰芳故居、老舍故居、茅盾故居、程砚秋故居、朱彝尊故居、孙中山先生逝世纪念地等为北京市文化保护单位，宋庆龄故居和郭沫若故居被列入国家重点文物保护单位之列。但是，北京名人故居的价值未得到充分重视，名人故居和各省会馆除了较少数被合理利用外，大部分都被占用为民居大杂院，年久失修、残缺不堪，安全隐患也很突出。随着现代城市发展进程加快，包括建筑学家梁思成、林徽因故居在内的众多名人故居已被拆毁，不能不说是一种损失。

历史文物。历史文物包括被政府保护的历史文化遗产和民间经营性单位、个人拥有的文物。北京目前拥有世界文化遗产7项（长城、北京故宫、周口店北京人遗址、颐和园、天坛、明十三陵、大运河）、全国重点文物保护单位126项、市级文物保护单位294项，还有众多区县级文物保护单位、68个地下文物埋藏区。旧城划定了25个历史文化保护区，另外有中国历史文化名镇名村6处，市级传统村落 44 个、"挂牌保护院落" 658 处，北京市优秀近现代建筑名录收入 71 处 188 栋；北京的文物总藏量一直位居全国城市的首位。最新的文物普查结果显示，北京的 326 家国有单位共有可移动文物达 1161 万件，数量位居全国第一。北京现有中国最大的文物艺术品交易市场，由国营的老字号荣宝斋等公司和民营公司、个人组成，潘家园等地已经发展成为重要的古玩艺术品交易园区。

工业文明遗存。北京不是工业城市，但曾经一度大力发展工业，首都钢铁厂、首都拖拉机厂、北京印刷二厂、751 厂等工矿企业为北京的经济社会发展做出过重要贡献。北京工业文明遗存规模大、特色强、分布集中。过去有 798 艺术区这样民间自发兴起的文化功能区域，现在进入了政府统一规划保护利用的新阶段。北京市从 2012 年开始启动了对"四厂一线"——798 厂、北京焦化厂、首钢、京棉二厂创意产业区、京张铁路等近现代工业遗址的调查研究和保护利用。这一计划主要依托文化创意产业，在有效保护的前提下，将老工业园区的文化特色进一步集中，吸引符合区域发展规划的企业进驻其中。戴玉强、魏松、莫华伦三位歌唱家 2013 年在首钢石景山厂区 5 号高炉（首钢历史上第一座现代化高炉，建于 1958 年）前高歌，这是工业文明遗存为北京文化创意产业提供文化资本、推动文化创意产业发展的一个标志性事件。

古代历史文化遗存在文化资本的等级序列中一般处于高阶位置，而大多处于城市衰败地区的当代工业遗存，其意义和价值在近些年也得到重新评价。正如布尔迪厄分析的，在整个文化生产场域中不具备优势地位的生产者也会为增加文化资本、社会资本而斗争，不断挑战原有的精英评判标准。当代工业遗存在由于后现代主义文化、解构主义文化的艺术改造，以及与大众流行文化的融合，获得了全新的文化魅力，转变成新的城市旅游景观，提升了所在街区的价值。利用工业遗产发展文化创意产业也因此成了进行城市更新、城市文化复兴的重要手段。

3. 文化设施

文化设施主要是指城市公共文化服务设施，包括博物馆、美术馆、图书馆、剧院等满足市民文化需求的场馆，以及提供音乐、戏剧、绘画、雕塑等文化行业的从业人员进行表演、排练、展出的设施。公共文化设施不仅拥有大量物质形态的文化资本（美术品、文物、工艺品、雕塑等），是满足市民基本文化需求、提高市民文化素质、积累个人文化资本的重要手段，还能提供文化创意产品，扩大创意产业的消费市场。文化设施本就是进行文化生产，利用文化资本发展文化创意产业和文化事业的场所。地标性的公共文化设施往往具备独特建筑造型，独特的美学价值和象征意义，因此它的建筑物自身也带有文化资本性质。

北京的公共文化设施网络较为完善，在全国率先建成了市、区县、街道（乡镇）、社区（行政村）四级公共文化服务体系和网络。到 2017 年，四级公共文化设施共有 6815 个，平均覆盖率达 98%。全市 6863 个村（社区）已建成综合文化室 6585 个，建有率达95.9%。北京市还有一批流动性文化服务基础设施，包括图书馆、文化馆等单位组织的流动展演，图书馆、文化馆的流动服务车辆，以及电影流动放映设备及车辆等。

博物馆。北京的博物馆数量众多、层次丰富，与其他一些世界城市相比毫不逊色。全市现有博物馆 179 个，其中免费开放 81 个。从级别和归属看，既有国家投资建设的大型设施，也有体现地方特色的博物馆以及私人投资兴办的民间博物馆，中央馆、市属馆、区县馆及民办馆约各占四分之一。以主题、内容来划分，这些博物馆包括五大类：第一类，综合历史、军事类。如中国革命博物馆、中国历史博物馆、中国军事博物馆、中国体育博物馆、首都博物馆。第二类，科技自然类。如中国科学技术馆、中国航空博物馆、中国农业博物馆、中国地质博物馆、北京自然博物馆、北京天文馆、中国第四纪冰川遗迹陈列馆等。第三类，古迹遗址类。如明十三陵博物馆、大觉寺、白塔寺等。第四类，名人故居类。如鲁迅博物馆、徐悲鸿纪念馆、梅兰芳纪念馆、茅盾故居等。第五类，文艺宗教类。如中国工艺美术馆、雍和宫藏传佛教艺术博物馆、北京民俗博物馆、北京戏曲博物馆、北京中华民族博物院、中国现代文学馆等。

图书馆、档案馆。北京的四级公共图书馆服务体系已初步形成，共有公共图书馆 25 个，总藏量 6409 万册；档案馆 18 个，馆藏案卷 829.1 万卷件。全国文化信息资源共享工程的北京分中心通过"北京记忆"、首图讲坛以及市公共图书馆网络服务体系，积极开发地方数字资源建设，推动了北京文化信息资源共享工程的发展。"档案馆日"活动、文化大讲堂活动成为档案部门服务社会的新方式。制定了《档案数字化规范》等 4 个地方标准；实施"全面数字化"战略，档案数字化工作取得较大进展。

群艺馆、文化馆。北京市有群众艺术馆、文化馆 21 个。北京的文化馆建设全国领先，北京的朝阳区文化馆作为全国文化系统改革试点中唯一一家文化馆，成了全国文化系统参观考察的对象。2007年成立北京文化艺术活动中心，设北京市大型活动办公室、北京非物质文化遗产保护中心。

爱国主义教育基地。全市共有全国爱国主义教育示范基地 18 个，市级爱国主义教育基地 122 个，区县级 500 多个，校级 5000 多个。这些基地以博物馆、纪念馆为主体，涵盖人文历史、自然科学、宗教民俗、区域地志、文化艺术、革命传统等领域。

重点文化设施。北京地区有国家图书馆、国家博物馆、国家大剧院等众多国家级文化场馆，以及首都图书馆、首都博物馆等市级重点场馆。奥林匹克公园已经发展成为北京文化新地标，重要的体育、文化、休闲、会展和奥运标志旅游地。落户北京奥林匹克公园的国家美术馆新馆、中国工艺美术馆和非物质文化遗产展示中心和已建成的中国科技馆新馆、中国国学中心将形成北京文博馆中心区。市重点工程首都图书馆新馆 2012 年开馆，首图建筑总面积达 9.4 万平方米，位居全国公共图书馆前列，可容纳文献 1000 万册，拥有 4000 个阅览座席，日接待读者可达 2 万人次。北京园博会园区成功建设了中国园林博物馆、主展馆和永定塔三大地标性建筑，形成了"一轴""两区""三地标""五展园"的结构布局。

城市主要公共文化设施的文化资本利用，在一定程度上存在精英文化、主流文化和商业文化、大众文化之间的对立问题，布尔迪厄在研究博物馆问题时对此有详细论述。他对法国市民参观艺术博物馆的习惯进行过调查，问卷设计包括询问参观博物馆的次数、频率、参观时间、喜欢哪一类展品，以及询问受访者他们觉得博物馆更像"教堂"还是"图书馆"等等。调查的结果是：受过较好教育，即自身就拥有较高文化资本的观众，在绘画作品、手工艺品等"复杂"展品前逗留的时间长得多，他们事先就掌握解读这些作品的一些知识，了解不同展品的技法、分期、来源等，因此觉得博物馆像一个实物组成的图书馆。而受教育程度比较低的观众则跑马观花地浏览这些展品，他们参观博物馆的频率、时间、次数都更少，认为博物馆的氛围更像"教堂"而非"图书馆"。这一调查结论可能并不让人吃惊，但布尔迪厄结合他的文化资本理论想要说明的是：城市里主要的公共文化设施，这些作为城市"门面"的文博场馆，虽然可以通过门票免费来宣告其公共性、普惠性，却已经预设了观众在文化资本上的门槛，博物馆的展览方式更有利于中上阶层实现文化资本的代际传递，"……免费自由的进出是有选择性的进出，预留给了那些有能力占有艺术品、有能力利用这种自由的人"①。

---

① Pierre Bourdieu, *The Love of Art: European Art Museums and Their Public*, Stanford University Press, p. 113.

布尔迪厄在《艺术之爱：欧洲的艺术博物及其观众》（1966）和其他一些论著中都呼唤博物馆、美术馆这一类公共文化设施改进其展览方式，使人们更容易理解参观对象，把文化资源分享给更多的中下层民众。从今日中国的博物馆、文化馆、美术馆等文化设施的服务方式来看，这一状况似乎有较多改善。由于数字技术的不断进步，一些重要的公共文化设施通常会采用网站、微信公众号、耳机等语音导览设备来帮助观众了解展品，而且几乎不需要太高的成本，每个人可以通过手机扫描二维码收听语音解说；当代博物馆已经广泛采用声、光、电，甚至全息投影、VR 等技术来重新表现展品，例如水晶石公司为上海世博会制作的数字动态版《清明上河图》、国家博物馆 2018 年展出的由多家数字公司联合完成的巨幅数字动态版《乾隆南巡图》等。这些数字文化产品大多会吸引不同年龄、不同文化层次观众的注意力，有的还包含了邀请观众参与的互动环节。当然，文化服务设施的管理运营者仍然需要充分考虑布尔迪厄提出的这一问题，使博物馆、美术馆、图书馆等文化设施真正成为市民共享的文化园地。

三　精神形式的文化资本

精神形式的文化资本不像经济资本那样直接带来经济价值，但它也能推动城市的经济社会发展。精神形式的文化资本包括城市精神、市民素质、城市知识阶层和创意阶层创造出的文化、艺术、思想成果等。城市精神、市民素质的提高，可以改善整个社会群体的价值观从而提高经济效率，例如前文提到的社会信任度的提高可以减少企业的交易成本、提高企业的组织运行效率从而提高经济绩效。最终从整个宏观经济的层面来看，城市精神和市民素质的提高给经济社会发展带来了活力。城市精神和市民素质的提高还可以影响分配原则，一种好的城市精神将会致力于使每个社会成员和每一代人都公平地获得资源的分配，在这种城市精神影响下，城市和企业不会只追求经济的高速增长，而会更多考虑民生问题，包括收入分配、社区福利、社区文化服务的供给等等。城市知识阶层和创意阶层的劳动成果，经过某种形式的转化，例如获得了法律保护的知识产权以后也可以像经济资本那样投入生产，成为重要的生产要素。北京积累的精神形式方面的文化资本也很多，其中重要的有以下几个方面。

1. 城市精神

北京的城市精神是在历史长河中形成的。以文化资本理论的观点看，城市精神背后的文化也是一种积累的劳动。北京有 3000 多年的建城史和 860 年的建都史，城市精神正是北京在长期的社会生产实践中形成的文化认同和民族情感积淀。

北京在 2011 年经过 290 多万市民投票以及专家研讨和征求意见，公布了自己的城市精神——"北京精神"（爱国、创新、包容、厚德）。此后，在全市范围开展了一系列宣讲和讨论活动，举办北京精神展览，推出相关的出版物、公益广告、文艺节目、宣传画等，掀起了一股热潮。"爱国"和"创新"远可追溯到北京悠久的古代发展史，近可续接五四新文化运动，也反映了新时期北京市民的精神追求。"包容"表达了北京作为数代都城，以及一座移民城市和国际城市在历史中所积淀的气质胸怀，同时也是当代北京城市文化状况的一种表达。"厚德"典出《易经》的"地势坤，君子以厚德载物"，是中国传统精神品质的经典概括。陶东风教授认为，北京精神的核心是一种价值观："城市精神和城市文化氛围的基础和核心是价值观，包容、厚德等等都是价值观的体现。朴素地说，一个城市的价值观就是这个城市的市民看重的是什么。有些城市不看重有文化的人，她看重的是有钱的，只是有钱的。这种价值观的差别会表现在各种各样的城市符号方面，表现在市民的言谈举止中，于是就成为文化氛围的差别，气场的差别。"①

　　民间还对北京人的精神气质有一些概括，提炼出"局气""厚道""讲究""有面"等关键词。这些关于北京人精神气质的关键词在市民当中有一定的认可度，不但潜移默化之中在代际传递，还直接为北京的文化创意产业所利用。例如，"局气"一词混合了守规矩、讲道理、为人仗义、有风度等含义，最早写作"局器"，源于明清时期北京城的织染局、酒醋面局等各种宫廷专业制造机构，演化为对做人态度的概括。北京的一家餐饮公司以"局气"为名，在内设和菜品上突出历史文化，也融入1949年后的一些北京城市文化元素，取得了非常好的效果，在北京全市迅速扩张，成为新派北京菜的代表之一。这是城市精神演化为创意产业品牌的最新案例。

　　正如前文所说，共同的价值观会影响社会群体组织经济生产活动的方式，在追求经济增速和物质进步的同时，注重社会公平和社会关怀、谋求人民共同的福祉。城市精神首先会产生一种符号意义上、隐喻意义上的文化资本传递，影响此后无数代市民；此外，这种价值观最终在宏观经济意义上回报一座城市，也可能会在企业层面带来更大的绩效。

　　2. 节庆文化

　　节庆既是一种精神生活又是一种实践活动，是地方文化的重要组成部分，各种节庆活动也为文化创意产业发展提供了商机。北京的传统节庆活动主要分为六大类：①民俗文化。这是北京数量最多的传统节庆活动，包括春节庙会、中秋游园、元宵灯谜会等，这些活动大多淡化了民间信仰色彩。②纪念感恩。清明节纪念先人，端午节纪念屈原；陶然亭清明诗会、丁香诗会、"民族魂"演出等活动追忆先贤，有爱国主义教育意义。③公益社交。包括街道社区的群

---

　　①　陶东风：《北京精神是一种文化氛围》，《光明日报》2012年1月18日。

众文化活动，各单位组织的七夕、中秋联谊活动，重阳节的敬老活动等。④体育健身。什刹海、北海等地区的端午节赛龙舟、清明踏青，春节的冰蹴鞠、冰上龙舟等活动，重阳远足登高也属此类。⑤宗教文化。以道教文化为主题、祭祀祈福的白云观庙会，在牛街举办的以回民文化为主题的北京清真美食文化节、民族文化节等。⑥皇家祭祀。这一类型的节庆活动部分恢复，尝试开展了月坛中秋祭祀、历代帝王庙明制祭祀等活动。

伴随传统节日，北京地区有一些比较有特色的习惯，如立春吃春饼（咬春）、二月二"龙抬头"祭祀、七夕在北海、护城河、通惠河上放河灯、冬至吃馄饨等。庙会是北京地区文化习俗的最大特色之一，过去主要有和平门外的厂甸庙会、朝阳门外的东岳庙庙会、西便门外的白云观庙会、闹市口的城隍庙会等。庙会上表演曲艺杂耍，售卖各种小吃，还有各种旧书画、古玩出售，老北京人称之为"耍货"。新时期，北京人爱逛的庙会主要是地坛庙会、厂甸庙会、白云观庙会、龙潭庙会、石景山游乐园洋庙会、朝阳公园庙会等，形式内容与过去有所不同，例如石景山洋庙会、朝阳公园庙会都是中西合璧的产物，主打国外民俗和饮食文化，所谓"逛洋景、听洋曲、品洋味、玩洋游艺"。郊区的庙会有妙峰山庙会等，主要是为信徒进香朝拜而举办，仍延续至今，负载了多种文化功能。

北京地区的节庆文化活动有四个特征：①高度集聚。持续时间都不长，集中展示民俗和非物质文化遗产，迅速集聚客流、文化信息流、商品流。②雅俗共赏。传统节庆活动是宫廷文化、士绅文化与市民文化长期共存的产物，有雅俗共赏的特征，从皇家祭祀仪轨到市民社会的风俗礼俗，从国家级、高水平的演出到民间曲艺活动。③多元融合。既包含北方汉民族的非物质文化遗产，满族的冰蹴鞠等文体活动和饮食文化，也有起源于南方吴越民族的赛龙舟等活动，同时吸收了回民的传统文化，有丰富的民族文化融合特征。④文化惠民。很多群众节庆活动都由政府部门主办，文化企事业单位承办，突出了群众性、公益性，街道社区举办的活动也很多。

由于社会历史原因，北京的传统节庆和全国一样一度衰退，传统节庆活动的复兴与众多现代节庆的兴起，几乎在相同的时代和文化语境中竞争。各种现代法定节日、艺术节以及被电商推动的"双11"购物节等新节庆，和以圣诞节、父亲节、母亲节、情人节等为代表的外来节日纷纷兴起，对传统节庆构成冲击。北京郊区县围绕发展生态农业、创意农业，先后推出了大兴西瓜节、平谷桃花节、延庆冰灯艺术节、四季花海、百里山水画廊旅游活动、昌平农业嘉年华、通州草莓音乐节、房山旅游文化节、宋庄梨园采摘节等当代新节庆，培养了市民新的文化休闲生活习惯。现代节庆活动的主题更加多样化，节庆的数量快速增长，文化活动和休闲活动更加丰富。而传统节庆活动具有相对单一的主题、相对稳定的内容，相对固定的形式，在多样化、时尚化、个性化、商业化的现代节庆活动的挑战下需要不断创新，增加其活力。

3. 市民文化素质

受教育程度是城市居民个人文化资本的最直接体现。北京常住人口的受教育程度在全国领先，主要反映在两个指标上，一是北京市常住人口每10万人大学及以上文化程度的人是31499人；二是北京市常住人口的文盲率1.7%。根据2011年公布的第六次全国人口普查数据，北京市常住人口中，具有大学学历（指大专及以上）程度的617.8万人，与2000年第五次全国人口普查相比，每10万人中具有大学学历的由16839人上升为31499人。文盲人口（15岁及以上不识字的人）为33.3万人，文盲率为1.7%，与2000年第五次全国人口普查相比，文盲人口减少24.5万人，文盲率下降2.6个百分点。

市民文化素质还体现在"北京阅读季"等活动的开展。2017年度北京阅读季举办各类阅读活动近 3 万场次，覆盖人群超过 1000 万人次。近三年的北京市全民阅读指数不断提升，北京人均纸质图书阅读量从 9.49 本升至 10.88 本。

市民文化素质无疑是北京发展文化创意产业的最大优势所在，市民旺盛的精神文化需求创造出了广阔的文化消费市场，同时也孕育了北京的创意阶层。北京目前有 3000 多所学校，其中高校 91 所、中学 760 所、小学 1081 所。在北京求学深造的大量青年人留在这里从事计算机、动漫游戏、电影电视、移动互联、新媒体、娱乐演艺、工业设计、会展服务等需要创新创意的行业，是北京文化创意产业发展最宝贵的一笔资本。

4. 文化艺术

皇家文化是北京文化艺术的特色，它体现在与历史文化遗产有关的紫禁城文化、城垣文化、庙坛文化、园林文化、陵寝文化、帝王文化等多个方面，也影响了文学戏剧、民间曲艺等文化艺术形式。古代北京的仪轨、法度是传统文化的结晶和皇家文化的缩影。衍生出来的旗人文化也对文化艺术创作有一定影响。这些文化积淀在中国社会的现代转型过程中又形成"京派文化"，可以说是北京文化创意产业发展所独有的文化资本之一，对出版、演艺、文化旅游等领域的影响最大。

北京古代的文学艺术可追溯到《山海经》《燕丹子》《史记》《玉集》等古籍中关于幽州、长城沿线的文学描写。建安文学中曹操的《苦寒行》《观沧海》、曹丕的《燕歌行》、陆云的《北游幽朔城》，陈子昂的《登幽州台歌》《蓟丘览古》、高适的《蓟门行》等都反映了北京地区的自然风光和社会生活。辽宋金元时期，北京城开始兴盛，文化艺术活跃，其中较为重要的有辽代的幽州文学，苏辙的《游桑乾》《眉山集》；金代的诗词和诸宫调、元好问的诗词、元代诗人刘因、王冕、萨都剌、虞集等人的作品，元大都小说、讲史、宗教作品等。明清时期形成了带有北京地方特色和民族融合特色的京味文学，包括《金瓶梅》《红楼梦》《儿女英雄传》《镜花缘》以及说唱艺术等。北京由于科举制度等原因汇聚了大量外地文人、知识分子。明清时期，涌现了一批文化名人，包括顾炎武、朱彝尊、王渔洋、孔尚任、纪昀等。

现当代文学时期，北京的优秀作家辈出，老舍是北京文学最具代表性的人物。数量更多的是进京作家，如路翎、张恨水、沈从文、赵树理、田间、曹禺、萧军、骆宾基、端木蕻良、曹靖华、林庚、杨沫、韦君宜、邓拓、吴晗、廖沫沙等人。新中国成立后，除上述作家中继续创作者之外，还涌现了邵燕祥、林斤澜等新锐。进入新时期之后，北京文学更是蔚为大观，包括："归来者"作家群：王蒙、邓友梅、赵大年、从维熙、刘绍棠、汪曾祺等人。中年成名作家：张洁、刘心武、谌容、遇罗锦、毛志成等人。知青文学作家：史铁生、陈建功、张承志、肖复兴、老鬼、李锐、柯云路、张辛欣、阿城等人。活跃于北京文坛的先锋文学和新写实作家：刘索拉、刘恒、霍达、毕淑敏、陈染、徐小斌、林白、王朔等人。居京著名作家：王小波、莫言、刘震云、梁晓声、刘庆邦、余华等人，其中莫言获得诺贝尔文学奖，刘震云获得茅盾文学奖。此外还出现了顾城、多多、食指、江河等著名诗人。

戏剧方面，北京古代的戏剧成就主要体现在元杂剧、明清传奇和以京剧为代表的花部地方戏三个阶段，代表作有关汉卿的《窦娥冤》、王实甫《西厢记》，马致远、纪君祥等人的剧作，昆曲、花部地方戏、徽班进京、京剧形成等无不反映北京地区戏剧的特色。清代中晚期京剧成为主流，广德楼、庆乐园、三庆园、庆和园、中和园等戏园盛极一时，昆曲、京腔、秦腔、河北梆子、评剧等艺术形式都在北京流行过。各个剧种名家辈出，如"京腔十三绝""同光十三绝""京剧三鼎甲""四大名旦""四大须生"等。

新中国成立后，北京修建了长安大戏院、中山公园音乐堂、中国评剧大剧院、中国木偶剧院、北京七色光儿童剧院等文化设施，成立了各种艺术院团，其中北京人民艺术剧院已经发展成为著名文化品牌。北京从 2003 年开始举办的北京国际戏剧季、北京国际舞蹈季、北京国际交响季三大演出季带动了北京演出市场的繁荣，此外还有"新年音乐会""相约北京""北京国际音乐节"等北京著名文化品牌。出现了一批原创的经典剧目：从《茶馆》《雷雨》《蔡文姬》等到《古玩》《万家灯火》《天下第一楼》《白鹿原》《甲子园》《窝头会馆》等，近年的商演剧目如《迷宫》《托儿》等都刷新了所在戏剧类别的票房纪录。戏剧的表现手段也不断创新，北京演艺集团出品的大型情景音舞诗画《天安门》运用现代科技手段，首次在中国大型演出中运用幻影成像，首次在大型舞台上使用 3D 技术。北京的实验戏剧、问题剧、喜剧一直引领全国，著名作品包括中杰英的《北京大爷》《灰色王国的黎明》，苏叔阳、李龙云、刘锦云、何冀平等人的剧作，过士行的《鸟人》等为代表的新京味戏剧，以孟京辉的《恋爱的犀牛》等为代表的先锋戏剧，以开心麻花剧团为代表的当代城市喜剧等。《恋爱的犀牛》《两只狗的生活意见》《乌龙山伯爵》《夏洛特烦恼》等作品取得很好的票房成绩。北京人艺的"经典剧目演出季"、国家话剧院的"国话之春"和"国话之秋"、中央歌剧院的"国际歌剧季"、中国儿童艺术剧院的"儿童戏剧节"、市文化局的"北京市舞台艺术新剧目表演""北京金秋原创优秀剧目展演"等活动都获得良好的社会效益和市场效益。

5. 非物质文化遗产

非物质文化遗产特别是民间曲艺，同样是可以纳入文化创意产业的文化资本。根据最近一次非物质文化遗产普查结果，北京共有非物质文化遗产项目 12623 项，涉及民间文学、传统音乐、传统舞蹈、传统美术、传统手工技艺、民间信仰、民间知识等类别，3223

个项目进入了《北京市非物质文化遗产普查项目汇编》。北京地区的智化寺京音乐、昆曲、天桥中幡、"聚元号"弓箭制作技艺、荣宝斋木版水印技艺、厂甸庙会、京西太平鼓、京剧、北京抖空竹、景泰蓝工艺、象牙雕刻、雕漆工艺、同仁堂中医药文化等84个非遗项目入选"国家非物质文化遗产名录",京剧入选联合国教科文组织的"人类非物质文化遗产代表作名录",还有市级非物质文化遗产项目262个。

北京由于市民文化发达,自古就是说唱艺术的摇篮,成为北方曲艺的主要集中地和发源地。近现代流行的曲艺从形式上分为两大类,第一类是以唱为主,包括京韵大鼓、梅花大鼓、西河大鼓、京东大鼓、北京琴书和单弦;第二类是以说为主,包括相声、评书、快板(数来宝)等。除曲艺之外还有杂耍,后者是指部分民间杂技和游艺活动,过去在茶馆、街头、庙会、集市上演出,尤其天桥附近是民间杂耍的集中地。北京的杂耍表演项目主要有耍中幡、摔跤、拉洋片、变戏法、抖空竹等,抖空竹、耍中幡等现在仍在各种节庆活动中表演。

6. 人文社会科学

北京是全国人文社会科学研究的中心城市,研究实力强大,现有91所公立高校、84民办高校,其中有市属普通高校58所、市属民办高校16所,另外有88个科研机构培养研究生。近年还出现了智库建设热潮,公立大学、研究机构的智库,以及众多民间智库也体现了北京文化资本的丰富储备。根据美国宾夕法尼亚大学智库与公民社会项目组发布的《全球智库年度报告》(2017)排名,位于北京地区的国务院发展研究中心、中国社会科学院、中国国际问题研究所、北京大学国际战略研究院、全球化智库(CCG)、中国现代国际关系研究院6家研究机构和上海国际问题研究院一起进入全球智库百强。人文社会科学还带动了出版行业的繁荣。出版一直是北京的优势传统文化创意产业，全国有一半的出版社在北京设立了分支机构。据《北京市统计年鉴》（2017）数据，北京地区 2015 年出版书籍 205992 种，总印数 24.5 亿册，出版期刊 3168 种，平均期印数 5539 万册，总印数 9.32 亿册；北京出版报纸 253 种，平均期印数 3389 万份，总印数 87.4 亿份。

四　制度保证的文化资本

本书第一章讨论过，文化资本还有一种制度化的形式，对个体来说，往往是被社会制度和教育文凭制度保证的文化资本。这种文化资本证明了其所有者的文化能力、学术水平、专业能力，使其拥有者获得一种稳定的、约定俗成的利益。同时，由于这种制度化的资本有统一的标准，在文化资本和经济资本之间设定了一种可以初步估算的兑换率。这样一来，身体层面的、精神形式的文化资本就可以转变成社会整体层面可以量化考察的文化资本。而且制度保证的文化资本是物质、精神形式文化资本的中间状态，这种由官方认定的文化资本可能并不完全等于实际拥有的文化资本的数量和质量，有时候甚至超越了个人实际拥有的文化资本，获得了额外的符号价值。

城市是拥有不同文化资本的个体的集合，当我们谈论国家、城市的文化状况时，我们可以分析该地区拥有多少接受过高等教育、中学教育、小学教育的人，或者地区接受过某种专业教育的人、从事某种文化职业的人员多寡，以估量该地区的文化实力。同样，如果以这种文化资本的观点来看待城市，城市也有某种类似于文化资格和资历的东西，表达了该城市的文化实力。这种制度化保证的资本取决于世界的政治经济文化新秩序，由国际社会、世界组织、国际行业协会颁布认可。在国家和城市内部也会设立相关的评价体系和专业资格，城市拥有的文化资本又有"世界级""国家级""市级"之分。城市积累的这种文化资本的多寡和质量，有时会把形形色色的世界城市分出了一个等级序列，一些世界城市如纽约、伦敦、巴黎、柏林、罗马等毫无疑问就处在这种序列的金字塔顶端部分。同时，这种城市间的符号等级秩序和它的评判标准也不是固定不变的，有待于新兴城市和复兴的城市去打破、重新排序。北京在经济领域努力赶超发达国家的著名城市，现在也十分重视获得制度化的、被国际社会"专业认证"了的文化资本，这些资格和资历的取得不仅反映了北京在世界新秩序的竞争中获得了一定的成绩，也为相关领域的文化事业和文化创意产业发展提供了资本和契机。

1. 国际社会的制度保证

被制度保证的文化资本首先是各种类型的世界称号。联合国教科文组织是联合国下设的负责文化、教育、科学等方面事务的组织，同时也是联合国系统内最有权威的国际智力合作机构，多年以来在国际社会取得了巨大的成就和影响力。从文化资本的观点看，联合国教科文组织在国际性的文化符号生产领域拥有相当的权威，可以派发各种专业的文化资格"证书"，北京获得的世界级文化称号有很多就是它授予的。联合国教科文组织授予的"世界文化遗产"等称号从城市经济社会发展的角度看，是最有效的一种文化资本。我国近年来出现"申遗热"，据统计全国各地现有200多个申遗项目，其中100个进入了预备申遗清单，可见该称号背后巨大的文化价值和经济价值。

历史文化遗产方面，北京有7处文化遗产被授予"世界历史文化遗产"称号，分别是故宫、长城—八达岭、周口店北京人遗址、颐和园、天坛、十三陵、大运河。八达岭长城是万里长城的精华和明长城的杰出代表。天坛是世界上现存规模最大、形制最完美的古代祭天建筑群，1998年11月被收录为世界文化遗产，联合国教科文组织世界遗产委员会评价："天坛建于公元15世纪上半叶，坐落在皇家园林当中，四周古松环抱，是保存完好的坛庙建筑群，无论在整体布局还是单一建筑上，都反映出天地之间的关系，而这一关系在中国古代宇宙观中占据着核心位置。同时，这些建筑还体现出帝王将相在这一关系中所起的独特作用。"八达岭长城 1987 年 12 月被收录为世界文化遗产，世界遗产委员会的评价："在文化艺术上的价值足以与其在历史和战略上的重要性相媲美。"故宫 1987 年 12 月被收录为世界文化遗产，世界遗产委员会的评价："紫禁城是中国五个多世纪以来的最高权力中心，它以园林景观和容纳了家具及工艺品的 9000 个房间的庞大建筑群，成为明清时代中国文明无价的历史见证。"颐和园 1998 年 11 月列入世界文化遗产，世界遗产委员会评价："其亭台、长廊、殿堂、庙宇和小桥等人工景观与自然山峦和开阔的湖面相互和谐、艺术地融为一体，堪称中国风景园林设计中的杰作。"周口店北京人遗址 1987 年 12 月被收录为世界文化遗产，世界遗产委员会评价："周口店遗址不仅是有关远古时期亚洲大陆人类社会的一个罕见的历史证据，而且也阐明了人类进化的进程。"明十三陵 2000 年 12 月列入世界文化遗产，世界遗产委员会评价："它是人类改变自然的产物，体现了传统的建筑和装饰思想，阐释了封建中国持续五百余年的世界观与权力观。"2014 年进入世界文化遗产名录的大运河得到的评价则是："是世界上最长的、最古老的人工水道，也是工业革命前规模最大、范围最广的土木工程项目。它促进了中国南北物资的交流和领土的统一管辖，反映出中国人民高超的智慧、决心和勇气，以及东方文明在水利技术和管理能力方面的杰出成就。"

自然文化遗产方面，北京地区并无联合国教科文组织授予的"世界自然文化遗产"项目，但也有其他一些世界称号。延庆地质公园成功入选联合国教科文组织世界地质公园网络名录，被授予"中国延庆世界地质公园"称号。公园不仅拥有丰富多彩的地质遗迹，而且拥有长城、古崖居等著名的文化遗产，拥有地质博物馆、地质广场、地质景点解释系统等地学旅游基础服务设施，是一处重要地学类科普教育基地。以红叶著称的香山经世界名山协会批复，加入"世界名山"之列，成为世界第 24 座、中国第 5 座世界名山。

　　文化创意产业方面，北京 2012 年被联合国教科文组织授予"创意之都"称号。"设计之都"称号设立于 2004 年，是联合国教科文组织创办的"创意城市网络"中的一部分。北京具有相当规模和水平的设计产业，具有成功举办国际级设计交易会、活动和展览的经验，城市形象也具有鲜明的设计特色，因此当选为世界"设计之都"。

　　除世界称号外，北京的国际性文化资格认证还包括举办国际大型文化活动的资质和资历。举办大型文化活动（包括体育活动）的资格有的是一次性的，有的可以定期举办，给该城市发展带来的影响十分明显，首先是该城市依靠举办活动的契机新建、翻修自己的公共文化设施和其他文化场馆，并通过赛事和活动的组织，提高了市民的文化素质和文化视野，从城市和个人角度都直接积累新的物质和精神形式的文化资本。同时，由于举办大型活动和赛事的资格代表了地区的经济水平特别是文化产业、服务业的最高水平，为这些行业的企业追加了更大的价值，带来更大的国际国内市场。北京由于基础设施良好、旅游资源丰富、交通方便以及政府的支持，同时还有雄厚的文化创意产业基础，因此举办过大量的国际会议。据中国旅游饭店业协会、中国旅行社协会 2017 年公布的《中国会议统计分析报告》结果，北京 2015 年以前是中国举办国际会议最多的城市，2015 年位居杭州、南京之后。

　　首先是大型体育文化类赛会。2008 年北京奥运会取得的成就有目共睹，同时它也对文化创意产业产生巨大的积极影响，表现在北京奥运会充分利用北京自身资源优势，拉动了北京乃至中国文化产品的生产销售；北京奥运会以中心辐射的方式促进了文化设施的建设；北京奥运会借助其自身配套设施的建设和辅助设施的建设，以存旧融新的方式促进了文化资本的积累。北京国际马拉松赛是经国家体育总局和北京市政府批准，并在国际田联和国际马拉松及公路跑协会备案的中国最高水平的马拉松赛。该赛事创办于 1981 年，每年一届，已发展成为影响较大的传统性国际赛事，并跻身于世界十大马拉松赛之列。北京国际马拉松赛的比赛路线宽阔平坦，气候适宜，组织水平及比赛水平高，吸引了众多国内外马拉松名将及马拉松爱好者的参与，同时也成为国内外企业展示文化与形象的舞台。中国网球公开赛始于 2004 年，由国际网球协会等三大国际网球组织授予赛事举办权，是亚洲地区设置最全、级别最高、参赛球员最多的国际网球赛事。2009 年赛事升级后，成为全球级别最高的八项（含四大满贯赛）顶级网球赛事之一。中网观众流量最高的时候突破30 万人次，近两年也超过了 20 万人次，2016 年的总营收达到 1.78亿元。

其次是文化创意产业类的大型国际活动。北京电影节是国际 A类电影节，创办于 2011 年，每年举办一届，是由原国家广电总局、北京市政府主办，以国际性、专业性、创新性、开放性和高端化、市场化为定位的大型电影主题活动。北京电影节旨在融会国内国际电影资源，搭建展示交流交易平台，也是建设世界城市的重点文化活动之一。2018 年的第 8 届电影节签约总金额达到 260.825 亿元人民币，同比增长约 49%，再次突破纪录。北京电影节已成为亚洲最大的国际电影交易市场，超过了亚洲仅有的两个国际 A 类电影节上海及日本，交易额接近世界最大的戛纳电影节交易市场。

最后是国际公益性大会。北京从 2008 年起每年举办世界环保大会，该大会是环保问题的全球峰会，源于 2008 年联合国在全球范围内推广的绿色新政，主旨在于构建关注气候变化、可持续发展与经济增长互利双赢的政府、企业交流合作平台，主导世界各国向绿色生态发展模式转变，共同应对全球面临的环境持续恶化问题。北京国际风能大会是全球最具规模和影响力的风电专业会展活动之一，由中国与全球风能理事会联办，为政府、学者、开发商、产品制造商、投资商提供卓有成效的沟通和交流平台。

无论国际体育赛事、文艺评奖、公益大会还是其他类型的国际大会，都不是单纯的行业内部盛会，而属于复杂的文化生产场域，经过了电视媒体、网络媒体的重塑。布尔迪厄1992年在柏林举行的哲学学会年会上对奥运会进行了分析，"必须把奥林匹克运动会（当作电视节目，甚或用营销学的行话说，当做'交际工具'）的整个生产场当作分析对象，亦即包括参与奥运会影像和话语生产与销售竞争的代理人与有关组织之间的全部客观关系……""从某种意义上说，表演是分两次完成的，第一次参与的是全体代理人、运动员、教练、医生、组织者、裁判、记时员和所有仪式的导演等，是他们共同合作，保证了体育比赛在运动场上的正常进行；第二次参与的是有关这一表演的影像与话语的所有制作人员，他们往往处在竞争的压力之中，同时也承受着他们所处的客观关系网对他们所施加的压力"。①

正如第一章第四节所说的，文化资本首先具有符号性，上述国际赛会都是在进行文本的创作与传播，只有进行深层次解读才能把握背后的权力关系。布尔迪厄的分析意在捍卫这些文化生产场域的自主性，而从创意产业从业者的角度来看，他们会尽量通过这些大型国际赛会来增加自己的文化资本，提升自己在全球化的生产场域中的地位。

2. 国内的制度保证

国家及北京市也建立了在历史文化遗产保护和文化创意产业方

---

① 皮埃尔·布尔迪厄：《关于电视》，许钧译，南京大学出版社，2011，第129~132页。

面的各类认证制度。"上榜"单位获得了极高的文化品牌价值和资源优势。

文化遗产的资格认证。我国政府与联合国教科文组织一样，也授予各级文物、文化单位以各种自然历史文化遗产的称号，由相关部委颁发旅游、文物保护类的资格证书。北京市同样也有类似的分级制度。除联合国教科文组织等国际组织认可之外，北京还有全国重点文物保护单位 126 项、市级文物保护单位 294 项、历史文化名镇名村 5 处、国家级非物质文化遗产项目 74 个、市级非物质文化遗产项目 214 个。其中著名文化遗产包括：长城是国家 5A 级景区、国家重点文物保护单位、国家重点风景名胜区、"中国旅游胜地四十佳"之首、全国文明旅游风景示范区。天坛是国家 5A 级旅游景区、全国重点文物保护单位。

文化创意产业的资格认证。在文化部先后公布的六批国家文化产业示范基地名单中，北京的老舍茶馆、雅昌公司、保利文化艺术有限公司、北京儿童剧院、北京数字娱乐发展有限公司、中国木偶艺术剧院、中视东升文化传媒等 27 家单位入围，总数位居全国第一。此外，还有一批被特别命名的国家产业基地。2011 年 11 月，北京国家音乐产业基地正式挂牌，以 1919 音乐文化产业基地、北京音乐创意产业园、中国唱片总公司创作园、天桥演艺园区、中国乐谷、西山文化创意大道、数字音乐示范园区等载体形成多点支撑的格局。2012 年 6 月，国家动画产业基地在三间房动漫产业园挂牌，园区依托北京 CBD 定福庄国际传媒产业走廊核心地带的区位优势和周边高校人才优势，已聚集文化类公司 582 家，其中动漫类企业达 83 家，全产业链的发展模式和将动漫融入社区的服务模式代表了中国动漫产业的发展方向。中关村国家级文化与科技融合示范基地被认定为首批国家级文化和科技融合示范基地。

大型文化活动。北京还有一批国际性、全国性的文化活动，虽然没有取得"世界文化遗产"、奥运会主办权这样的权威认证，但也在各自行业里产生较大影响，国际国内的知名度逐年提高。北京自1998 年开始举办国际旅游节文化节，其定位是向世界展示中国的历史变化和改革开放走向新世纪的精神风貌；展现具有悠久历史与现代文明相结合的国际化大都市的风采；反映北京作为全国政治、文化中心的优势地位；扩大北京与世界的交往，促进北京与国际社会的交流；推动首都经济的发展。北京从 2003 年开始举办国际戏剧演出季，北京国际戏剧季、北京国际舞蹈季、北京国际交响季三大演出活动，成了中外文化交流和北京文化创意产业的知名品牌。北京国际动漫博览会是中国规格最高、规模最大、内容最丰富、动漫迷最喜爱的大型国际动漫主题盛会。北京国际摄影周于 2013 年创办，至今已有三届（2013、2015、2017），内容与形式丰富多样，包括展览、论坛研讨以及对话交流等多种形态活动。摄影周以中华世纪坛为主场地，同时覆盖 798 艺术区、草场地艺术区、王府井步行街、尚 8 艺术区等文化创意街区。北京国际设计周从 2009 年开始已经举办 3 届，第二届以后每年 9 月底至 10 月初举办一次。设计周包括设计三年展、设计论坛等在内的六项主题活动。2017 年的设计周现场有超过 800 万人次参与，带动文化旅游和各类设计消费超过 30 亿元，活动规模已接近全球最大规模的设计活动米兰设计周。在昌平举办的北京国际魔术节已经连办三届，在魔术杂技界也有一定的影响力。

3. "老字号"文化品牌

老字号是古都北京历史文化的宝贵遗产，有着鲜明的民族特色和地方特色，已经成为这座历史文化名城的重要标志。在新的时代条件下保护利用北京老字号，有利于文化创意产业的发展，对于形成良好的营商文化和市场环境也具有积极意义。北京的老字号品牌具有精神、物质两方面价值，"文化兴商、诚信立业"，"勤俭办店、和气生财、劳资合力"，这些都是宝贵的精神形式的文化资本，老字号品牌为产品带来丰富的附加值。

老字号店铺。北京的老字号不仅是商业品牌，也是一种企业文化资本和历史文化现象，涉及百货、中药、餐饮、服装、调味品、酒、茶叶、烘焙食品、肉制品、民间工艺品和其他商业、服务行业。目前的老字号称号授予主要有两大体系，一是"中华老字号"，一是"北京老字号"。2006 年，商务部发布《"中华老字号"认定规范（试行）》"振兴老字号工程"方案，由商务部在全国范围认定 1000 家"中华老字号"，以中华人民共和国商务部名义授予牌匾和证书，对老字号的知识产权进行保护。北京目前共有 117 家"中华老字号"，数量位居全国第二，其中最有名的包括始建于清朝康熙年间的大药店同仁堂，有创建于清咸丰年间、为皇亲国戚和文武百官制作朝靴的"中国布鞋第一家"内联升，有 1870 年发展起来的瑞蚨祥绸布店，有明朝中期开业制作酱菜的六必居，还有全聚德、便宜坊、东来顺、张一元等。但是商务部目前已经停止审批"中华老字号"，有关老字号的管理和认定工作只能由各省市的相关部门继续。北京市比较重视加强老字号的文化发展和品牌建设，决定从 2013 年开始启动北京市自己的老字号评定，每半年评审一次，还提出"北京老字号"集体商标的标识设计方案，并在国家工商行政管理总局商标局进行注册。

北京还有一类宫廷老字号，源自明清宫廷的饮食服饰文化，虽然不是现代社会认证的，同样是具备文化意义的权威产品，有不可取代性，可以成为发展文化旅游相关服务的文化资本。最典型的是宫廷菜、官府菜的烹调技艺不断流入民间，形成了一种北京菜的支系。宫廷菜、官府菜特点是：用料讲究、工艺精细、味道醇鲜，特别注重色、香、味、形的和谐统一。当代餐饮业把传统文化融入菜系，收到较好的效果，宫廷菜的典型代表是仿膳饭庄、谭家菜、厉家菜等，有的宫廷菜拥有溥杰等原皇家成员的题匾。北京小吃茯苓夹饼、内联升的鞋子同样也是宫廷老字号代表，近年来北京较为重视挖掘这一类老字号的文化内涵。

老剧院。北京有许多清代以来的老剧院，这虽然不是被官方授予称号的文化资本，在传统的戏剧曲艺行业却有等同于老字号的意义，拥有很好的口碑。老剧院既是提供文化服务的基础设施，又具有独特的历史文化价值和建筑的美学价值，在这些老剧院看戏，显然不同于一般的现代剧院，有一种深厚的历史感和人文情怀，能助益对戏曲的理解并获得额外的审美感受。前门外西河沿的正乙祠戏楼是有300多年历史的浙江会馆戏楼，是北京现存年代最早的戏楼，一度被改为招待所，现已恢复演艺功能，上演昆曲等戏曲剧种。北京正在恢复一批老字号演出场所，包括中和戏院、广和剧场、吉祥戏院、大众剧场、西单剧场等。

第六章

北京利用文化资本发展文化
创意产业的成功案例

　　北京市利用文化资本发展文化创意产业的时间较早，走在全国前列，积累了丰富的经验和丰硕的成果。本章选择部分行业和单位的典型案例，分析其成功利用文化资本的原因及内在规律，探讨推广应用的可能性。在本章的具体论述中会谈到，无论是大到举办奥运会这样的大型活动，还是小到区级文化馆的体制改革，都需要政府的政策规划为依托。

　　从 2006 年发布《北京市促进文化创意产业发展的若干政策》开始，北京就鼓励开发利用城市拥有的各种物质、精神形式的文化资本，在这份最初的规划中明确了把"工业厂房、仓储用房、可利用的传统四合院区域、传统商业街和历史文化保护街区等存量房地资源转型兴办文化创意产业"，"凡符合国家规定、属于本市产业升级和城市功能布局优化的，经认定，原产权单位以划拨方式取得的土地使用权保持不变，政府可暂不对划拨土地的经营行为征收土地收益"。此后，在北京市"十二五"规划纲要中，功能区被分为"具有战略支撑作用的文化服务功能区"和"不同特色的文化创意集聚区"。从文化资本利用的角度看，前者是基于城市主要的物质形态文化资本即历史文化遗存、大型文化设施进行保护利用，这些功能区都是北京最具国际影响力和城市文化特色的区域。而后者则是依托创意阶层和创意企业的精神形式文化资本、制度化保证的文化资本，建立若干不同创意类型的工作区域，这些集聚区是城市发展的活力所在。

一　旗舰项目：北京奥运会

"旗舰项目"是指通过主办大型文化活动、国际会议或兴建大型文化设施，集中利用城市的文化资本，带动文化创意产业，从而提高城市的竞争力。主办大型文化活动和国际会议往往也需要建一些大型场馆，因此实施旗舰项目都要重新规划城市空间，进行一系列的基础设施建设。2008年北京奥运会及北京奥林匹克公园的修建就是一个成功的旗舰项目，伦敦同样是凭借举办2012年奥运会有力推动了伦敦东区的发展。而西班牙巴塞罗那因为举办奥运会，带来了庞大的旅游群体，其国际影响力甚至超过了首都马德里。

从空间布局来看，旗舰项目的选址往往并非城市中心，而是发展相对缓慢的市郊，或者因为种种原因已经衰落、失去经济活力的老城区。通过实施大型旗舰项目，可以改变原有或荒凉或衰败的城市景观，塑造新的城市形象，疏解城市中心人口压力，鼓励和引导中心区的产业、人口向旗舰项目周边结集，刺激落后区域的经济发展。从产业形态来看，由于城市中心区的城市职能被分解、集中到旗舰项目周边，又因为该项目或该会议本身产生的经济、文化和服务需求，旗舰项目所在区域因此会出现文化资源、文化资本高度集中，各种产业形态和产业门类混杂的现象。因此，旗舰项目给城市的绝大部分文化创意产业都带来了商机。从文化价值上来看，旗舰项目是城市和国家文化资本的一次集中展示，大量本土文化符号被带到世界面前，其活动本身就有象征意义，是一次有着巨大影响力的文化事件，将吸引国内外众多的媒体、游客和企业参与其中。

大型旗舰项目虽然有很多好处，规划实施的难度却很大，不仅要倾全城之力、投资巨大，还带来了城市交通疏导、资源统筹调配等各种问题。旗舰项目往往服务于整座城市甚至整个国家，其经济、政治、文化功能不见得是所在区域居民直接需要的，与他们的日常生活联系不甚紧密，这也是需要考量的问题。巴西是"足球王国"、世界上最热爱体育的国家之一，而巴西举办的 2014 年世界杯却因为耗资巨大引起国内民众的抗议和示威游行，要求把这些钱用于教育和民生。此外，旗舰项目的后期管理运行难度较大，如果没有形成产业链和可持续发展的机制，则会造成设施空置和资源浪费的情况。大型项目耗费了巨额资金，可能会给所在城市政府带来经济压力甚至债务，在短时期内无法消除。

成功案例

北京于 1998 年 11 月 25 日递交申请举办第 29 届夏季奥林匹克运动会的申请书。此前，北京举办过 1990 年第 11 届亚洲运动会、1994 年第六届远南残运会，并获得 2001 年第 21 届世界大学生运动会的主办权。2001 年 7 月 13 日，莫斯科国际奥委会第 112 次全会经过委员两轮投票，由主席萨马兰奇宣布，北京以 56 票获得 2008 年夏季奥运会主办权。国家对北京申办和举办奥运会十分重视、全力支持，从各个方面创造了良好条件。北京奥运会于 2008 年 8 月 8 日在首都北京开幕，2008 年 8 月 24 日闭幕，参赛国家及地区 204 个，参赛运动员 11438 人，设 302 项（28 种运动），共有 60000 多名运动员、教练员和官员参加。北京奥运会共创造 43 项新世界纪录及 132 项新奥运纪录，共有 87 个国家在赛事中取得奖牌，中国以 51 块金牌居奖牌榜首名，是奥运历史上首个登上金牌榜首的亚洲国家。北京奥运会参与报道的记者超过 3 万人，志愿者超过百万人，全球范围内观众约 47 亿人，是历届奥运会观看人数之最。北京奥运会取得了巨大成功，被国际奥委会主席罗格赞为"一届真正的、无与伦比的奥运会"，前国际奥委会主席萨马兰奇称之为"历史上最好的一届奥运会"。

北京奥运会产生了巨大的经济效益，还对建筑建材行业、房地产业、文化体育产业、能源环保产业、高新技术和信息行业、煤炭行业、旅游酒店行业、商业零售业、运输业、餐饮业、出版传媒业、金融保险业、IT 产业等带来了不同程度的影响。审计署的《北京奥运会财务收支和奥运场馆建设项目跟踪审计结果》显示：北京奥组委收入 205 亿元，结余超过 10 亿元。国家统计局北京调查总队、北京市统计局国民经济核算处提供的报告显示，在 2005～2008 年的"奥运投入期"内，北京市 GDP 的年均增长速度达 11.8%，较"十五"期间提高了 0.8 个百分点，其中 2007 年受奥运影响 GDP 的拉动幅度增长最大，达到 1.14%，2008 年则为 0.85%。2004～2008 年，奥运因素共拉动北京 GDP 增加 1055 亿元。

文化资本的利用

其一，北京奥运会举办资格的获得，本身就是一种被制度保证的文化资本。虽然这只是一种体育盛会的举办权，却已经包含国际社会对主办城市国际吸引力、话语权、影响力、美誉度和城市活力的一种认可，为经济社会发展带来了更大的契机，因此奥运会、世界杯、世博会和其他文化盛会的主办权历来是世界城市争夺的焦点。由于奥运会相关特许商品、体育比赛内容本身都有知识产权性质，奥运会给主办城市带来了巨大的商业利益，北京奥运会的直接收入来源主要是四个方面：一是转播权出售的媒体收入，二是现场门票收入，三是来自各级赞助商的收入，四是标识衍生所产生的收入（如吉祥物和各种周边产品的开发）。其中电视转播权是北京奥运会收入最大来源，美国 NBC 广播公司、日本 NHK 广播公司、欧洲广播联盟、澳大利亚电视台、新西兰电视台等签订的 2008 年奥运会的电视转播权合同标的是 15.8 亿美元。英国体育经济学教授克里斯·格拉顿（Chris Gratton）估算奥运会至少给北京带来 60 亿美元收益，而对经济的总体增益远超过最初的投资。①

其二，北京奥运会为中国本土文化资源的资本化提供了巨大的生产场域。北京奥运会新建的场馆设施和奥运会形象标示是一次中国文化符号的大会演，形成了一整套中国式的奥运符号系统。奥运会的形象标示全部使用了中国元素：会徽设计为中国式印章以及以书法“京”字绘成的奔跑人形。奥运吉祥物福娃是典型的“中国娃娃”设计，据称从半坡氏族的人面鱼纹盆中得到设计灵感，其卡通造型的原型包含了大熊猫、藏羚羊、燕子、鱼这些中国特有或中国人喜爱的动物形象。奥运火炬设计成“祥云”图案，造型是中国古代卷轴，颜色为汉代的漆红。奥运奖牌由金和玉镶嵌而成，包含了中国古代“以玉比德”的价值观，其设计与历代奥运会奖牌均不同。建筑设计方面，国家体育场（鸟巢）的外部钢网结构使人联想起中国传统园林建筑中的镂空雕刻、陶瓷表面的纹路、地面的冰纹铺地图案、木质窗棂等。鸟巢内部是体现运动和激情的中国红“内胆”，与紫禁城的红墙遥相呼应。国家游泳馆（水立方）是中国首座采用 ETFE 气枕结构的场馆，外观是淡蓝色的立方体，它与国家体育场的搭配包含了中国古代规划设计中“天圆地方”和“阴阳调和”的思想。不仅如此，在运动员、媒体工作者们日常工作、起居的地方也大量使用了中国文化符号，运动员居住的奥运村被设计为“四合院”

---

① 《北京奥运后收益至少 60 亿》，《新京报》2008 年 6 月 18 日。

结构，奥运新闻中心到处悬挂着中国的书法、绘画作品，点缀以相应的植物景观，新闻发布厅外还有民间手工艺者和艺术家进行面塑、剪纸、刺绣等表演。奥运会开、闭幕式更是直接进行了中国传统文化的大会演：弟子三千诵读《论语》、海上丝绸之路上的"大船"、气势恢宏的太极表演方阵和击缶方阵，等等。

北京奥运会把各种中国本土文化资源组成庞大的文化符号系统、巨大的中国式文本，同时又使用各种现代建筑技术、声光电技术和设计手段，在文化内涵上表现出开放的时代精神，是本土化和全球化双向互动的结果。奥运会还给北京的文化旅游带来了契机，奥运期间，北京市累计接待中外游客 652 万人次，景区实现营业收入 16270.3 万元。正是通过北京奥运会这个特殊的文化生产场域，各种本土文化资源才真正变为资本，带来了巨大的文化价值和经济价值。

其三，北京奥运会为北京乃至中国培育了一批文化创意产业的优秀企业，这些企业借助奥运这个大舞台，不但有直接的经济收益，还获得了制度化的、被权威认可的文化资本。奥运对北京经济的意义不仅在于拉动 GDP 增长，还在于促进经济加速转型，使得更多企业从低附加值产业向高附加值产业转移。奥运会主要推动了电视传媒、数字技术、会展和设计行业的发展，有代表性的实现跨越式发展的文创企业有：为奥运提供数字多媒体产品的水晶石公司，制作奥运徽章的北京华江文化公司，为北京奥运地铁设计整个票务系统的洛可可设计集团等。此外，奥运会对北京创意企业的影响并未因为赛事结束而迅速消退，而是通过北京奥运城市发展论坛等途径在延伸，洛可可、水晶石和华江文化公司都获得了 2012 年伦敦奥运会的特许经营权。在 2012 年的北京奥运城市发展论坛上，9 家北京文化创意企业与外国公司签订了 10 个国际合作项目，包括北京华江文化发展有限公司、环旭文化传媒有限公司、水晶石数字科技有限公司、太合传媒投资有限公司、北京华像万千文化发展传播有限公司、

798 文化创意产业投资股份有限公司、北京国门和众创意文化有限公司，涉及影视、传媒、动漫、设计、艺术交易等多个门类。

其四，北京奥运会造就了奥林匹克公园这一新的城市文化功能区，为文化创意产业发展提供了平台。申奥之前，对于奥林匹克公园的选址专家们有不同的看法，在多次讨论之后，最后一轮方案是在北城和南城（具体位置为东南四环与京津唐高速公路东南角或者亦庄）之间选择，最终北城方案胜出，也就是今天我们看到的奥林匹克公园的情况。选择南城，符合本节开端部分所说的国际流行的原则，即尽量把旗舰项目放在落后城区以带动其发展。尽管奥林匹克公园的位置在当时来说也不是特别繁华，但相比之下拟定的南城建园地区更加落后，更不利于园区的后续利用。北京选择了将奥林匹克公园建在老北京城的中轴线上，这既是因为周围人口稠密、离市区更近，也是出于一种文化上的考量，"从北京城市空间发展和文化发展脉络上讲，北京奥林匹克公园既是传统北京城市中轴线空间的向北延伸，也是传统城市历史文化脉络的当代发展"。[①] 奥林匹克公园由美国 Sasaki 景观规划公司和天津华汇工程建筑设计公司负责建造，城市中轴线向被延伸为公园轴线，大面积的森林公园设在最北面，园区有 6 个主题公园，代表五帝时代、周、唐、宋和明、清，体现中华五千年文明，奥林匹克运河呈龙形，与北京老城区的什刹海、中南海形成对称。奥林匹克公园成了重要的当代城市景观——它也是一件文化创意作品，依托周围便利的交通和人口，在奥运会之后立即实现了可持续发展。目前，奥林匹克公园不仅坐拥几大体育场馆和国学中心，还将建成国家美术馆新馆等设施，形成北京博物馆中心区和会展旅游文化产业功能区。

---

① 李建盛：《公共艺术与城市文化》，北京大学出版社，2012，第 201 页。

二　历史街区：南锣鼓巷

历史街区是一座城市重要的文化资本。意大利建筑学家阿尔多·罗西（Aldo Rossi）曾把城市空间结构分为"地标"（Landmark）和"基体"（Matrix）：作为城市空间中心和文化象征的地标以个体形式存于城市中，往往会在历史演变中脱离原来的使用功能①，故宫、长城都是这样的历史文化遗存。而作为地标建筑之背景、环境的城市"基体"决定了城市整体风貌，是无法脱离其使用功能而存在的。历史街区正是这样的城市基体，它的格局、功能分区以及建筑高度、密度、色彩等构成了城市最基本的文化特色。中国城市的一些历史文化街区不仅体现出中国传统空间美学，还保有实际功能，在此基础上构建了城市社会网络，展开人际交往和日常活动，形成具有地域特色的生活方式。对历史街区的保护，若能保护街区内重要的地标性单体建筑固然不错，但如能进一步将街区与环境完整保护下来，进行历史街区的功能复兴与经济复兴，则更能凸显城市文化特色，避免全球化和现代化进程带来的"千城一面"的问题。围绕历史街区打造的文化产业集聚区，综合了文化、商业、娱乐、服务等多种城市功能，成为激活现代城市空间的重要节点。如果没有这样的街区，现代城市就缺少缓冲带，市民没有驻足交往的城市节点，陷于单调枯燥的都市生活节奏之中。

胡同、四合院组成的老街区是北京最大的城市空间特色，但是在历史文化遗产的保护中，老街区经常被看成是没有审美价值和经济价值的普通民居，任意拆除、改建或不合理地占用，在我国的其他城市也有类似情况。政府文物部门把主要资金和人力物力投给了

---

① 参见阿尔多·罗西《城市建筑学》，黄士钧译，中国建筑工业出版社，2006，第115页。建筑学家里克尔兄弟（Leon Krier，Robert Krier）也提出了"纪念物"（monument）和"隐匿的城市肌理"（anomous urban fabric）之分。

历史文化遗产中的地标性建筑，历史老街区的保护就要依靠社会多方面的力量。北京"十二五"规划纲要指出要"动员社会力量参与旧城保护"，"鼓励包括民营资本在内的社会力量参与老字号、名人故居、胡同、四合院、会馆等修缮、保护和利用"。北京"十三五"规划纲要提出，要从文物与历史建筑、街区、旧城整体等层次开展全面保护，织补历史景观，展现独特的古都风貌。南锣鼓巷的整体保护利用，正是政府部门、知识分子、民间力量、创意阶层共同努力的结果。

成功案例

南锣鼓巷街区位于东城区交道口街道，北起鼓楼东大街，南止地安门东大街，西接什刹海，主巷为南北走向，全长786米，均宽约8米，为"八亩院"式结构，东西各有8条胡同呈鱼骨状整齐排列。南锣鼓巷曾是繁华的商业街，与元大都（1267年）同期建成，是我国目前唯一保存完好的元代胡同院落，也是北京最古老的街区之一，20世纪90年代初被列入北京市政府批准的第一批历史文化保护区。南锣鼓巷现有建筑以清代四合院为主，共有19处各级文物保护单位，包括国家级文保单位"可园"、僧格林沁王府旧址、末代皇后婉容的娘家、荣禄宅邸、茅盾故居、蒋介石行辕（恩园）等名人故居，以及中央戏剧学院（靳云鹏旧居）、北京市美术家协会（齐白石旧居）、菊儿胡同等重要的古代、近现代建筑。南锣鼓巷原为城市居民区，2004~2010年，在北京市旧城改造方式转变的大背景下，推进平房区的"微循环"渐进式改造，先后疏散了1795户居民，近两万人。

南锣鼓巷现发展为文化创意产业街区，主要经营项目为酒吧、餐饮、创意市集，还有一些商店、电器修理、洗衣店等社区服务型小店。南锣鼓巷成功举办"惊蛰锣鼓"民俗文化节、胡同文化节、戏剧节等活动，以文化、餐饮、民俗、购物吸引了众多的中外游客，还有一些外籍人士长期在此居住。南锣鼓巷先后获得联合国环境规划署颁发的"第十四届联合国环境可持续项目金奖"、第四届北京国际文化创意产业博览会最佳组织奖和最佳展示奖、国家旅游局"全国 3A 级旅游景区"、北京市旅游局"新京味旅游十大名片"、北京市 2008 环境建设指挥部"北京十佳胡同"、北京市饮食协会"北京市特色美食街"等荣誉。2015 年国庆放假期间，南锣鼓巷单日接待游客量达 10 万人次，已经跟故宫游览人数差不多，不得不采取限流等措施。

文化资本的利用

在众多老街区纷纷拆除、改建的大背景下，南锣鼓巷不仅完整地保护下来，还成功地发展了文化创意产业，获得巨大的经济效益和社会效益，其主要原因有三点。

其一，南锣鼓巷是中国唯一格局完整的元代街区，不仅见证了北京城的早期历史，还从建筑、布局上体现出鲜明的文化特色，这种特色随着老北京城风貌的日益丧失显得十分珍贵。这些都是重要的文化资本，可以为文化创意产品和服务带来额外的价值。南锣鼓巷的商业价值最早正是旅居北京的外国人发现的，曾在中国社会科学院留学的英国人江森海（Dominic Johnson Hill）2001 年创立了南锣鼓巷第一家创意小店——出售创意 T 恤的"创可贴 8"，他形容自己在胡同居住 8 年早已融入了胡同文化，甚至他的孩子都是在南锣鼓巷"吃百家饭长大的"[1]。南锣鼓巷鲜明的中国特色和传统特色吸引了众多的外国游客、住户和创意企业经营者，这是南锣鼓巷发展

---

[1] 《老外江森海：生活在中国，非常完美》，《中国经济周刊》2012 年 11 月 13 日。

重要的推动力之一。

其二，南锣鼓巷的文化是"活"的。南锣鼓巷的文化创意产业在发展之初，主要依托的是附近的中央戏剧学院和国家话剧院（2011年迁走）。这两家单位的教师、学生、演员和演艺相关从业人员都在这里的酒吧、餐厅吃饭、聊天甚至"面试""谈合同"，这些消费者本身就属于创意阶层，对休闲、餐饮的文化要求是比较高的，促使南锣鼓巷的小店提升自己的创意水平和文化品位。此外，中央戏剧学院、国家话剧院在本单位也会组织一些商业演出、毕业演出等，为南锣鼓巷带来了品位较高的观众客流。归根结底，这条历史老街区虽然搬迁了一部分居民，其社会功能并未废弛，反而复兴了元代就有的商业区功能。与南锣鼓巷形成鲜明对比的是由政府花大力气重建的前门大街，后者同样是一条历史街区，在近现代的影响力远远超过南锣鼓巷。然而前门大街复建之后，虽然有大量的游客参观，其街道立面的商铺却基本不能赢利，大量空置，成为一种奢侈的摆设。企业家潘石屹花费17.7亿元收购了前门大街的商业物业，现在却进退两难。前门大街的问题一是基本为仿古建筑，虽依照原来的照片图纸进行复建，仍缺乏历史价值。二是所在区域的居民生态被破坏，游客也只是稍作停留就离开，使得这条街区没有固定的居民作依托。此外，街区商铺租金很高，本应当满足一般消费者和游客需求的九龙斋、王麻子等传统老字号根本无法负担，只能请进一批流行服饰和国际品牌，这样一来原有的文化价值又丧失许多。前门重新开业时的第一批老字号和商铺的租房合同目前到期，很多已经搬走，增加了一批由政府财政补贴的非物质文化遗产体验馆。前门大街与南锣鼓巷相比，更显得是一种经济资本的强力介入，然而历史街区的文化资本并没有按照经济资本期望的规则来运行。

其三，南锣鼓巷的保护利用是多种社会力量参与的结果。首先是政府分步骤逐次推进的腾退工作、环境整治和规划引导起到了重要作用，有效地缓解了南锣鼓巷的压力，为文化创意产业提供了发展空间。东城区还扶持业态调整，对经营文化创意的企业进行补贴。学者、知识分子为南锣鼓巷的保护利用也提供了强大的智力支持。建筑学家吴良镛主持设计南锣鼓巷的菊儿胡同危房改造工程，工程最终体现了他的"有机更新"城市规划理论：保留好有历史价值的建筑，修缮虽已破旧但尚可利用的建筑，拆除破旧危房，逐步过渡，既保留历史文脉的延续，又形成有机的整体环境。这一成果1992年被亚洲建筑协会授予"亚洲建筑金奖"，1993年又被授予"世界人居奖"。南锣鼓巷从2006年开始全面发展文化创意产业时就邀请北京大学城市规划设计中心的专家全程介入，由该中心编制了《交道口街道社区发展规划》（2006—2020）和《南锣鼓巷保护与发展规划》（2006—2020）以及《南锣鼓巷景观优化整治工程设计方案》等一系列专项规划。最后，南锣鼓巷的保护利用也离不开草根创意阶层、民间投资人。南锣鼓巷并不属于北京市设立的30个文化创意集聚区之一，文化创意产业带有自发性质，然而发展势头良好。北京第一家民间投资并正式获得商演资格的小剧场——蓬蒿剧场就紧挨着南锣鼓巷和中央戏剧学院。

三　工业遗存：798 艺术区

利用工业遗存发展文化创意产业的方式在西方发达国家十分流行，英国的纽卡斯尔和谢菲尔德、西班牙的毕尔巴鄂、美国的巴尔的摩等工业城市或港口城市均是依靠这种方式完成城市复兴。由于城市的产业转型升级，在中心区留下了大量工业时代的厂房、仓库、码头甚至废弃的生产机械设备，这些看似破败的工业基础设施为创意阶层提供了自由驰骋的空间，同时由于这些工业旧址的房屋租金比较便宜，或者被当地政府规划为功能区，提供较为优惠的政策，成了创意阶层创业的乐土。他们在巨大的厂房里创作艺术作品或进行陈列展览，造就了一种被人们称为 Loft 的生活居住方式（Loft 即阁楼式的高大房屋）。把工业遗存改造为艺术集聚区，其文化意义在于：艺术家们运用自身的艺术才能以及工业时代积累的物质形态文化资本，造就了一种混合工业文明和各种文化元素的后现代主义城市景观。一方面，工业遗存有强烈的怀旧色彩，帮助人们追忆过往的历史和岁月，另一方面，采用大量的当代文化符号进行拼贴、戏仿，解构了旧时代的政治经济逻辑，表达了新阶层的利益诉求。

北京不是沈阳、武汉、长春这样的传统工业城市，却在创造性地利用工业遗存发展文化创意产业上领先全国，这与优秀创意阶层的努力是分不开的。北京在军工企业及曾经的亚洲最大电子企业旧址上建起了 798 艺术区，在北京无线电动力厂和北京煤气厂的旧址上修建了 751 北京时尚设计广场；首都钢铁厂的石景山老厂区则被划分为工业主题园、文化创意产业园、综合服务中心区、总部经济区和综合配套区等五大功能区，与石景山固有的动漫产业结合，将建成中国的动漫产业基地。对北京焦化厂、京棉二厂和京张铁路遗址的开发利用也正在稳步推进中，利用城市工业文明遗存这一文化资本成了北京文化创意产业发展中的一大亮点。北京市政府 2017 年底发布《关于保护利用老旧厂房拓展文化空间的指导意见》，是全国比较少见的专项政策。

成功案例

798 艺术区又称大山子艺术区，是北京市最知名的当代艺术区之一，也是第一个自发生成后被政府纳入管理的文化创意产业集聚区。该艺术区位于北京市朝阳区酒仙桥街道大山子地区，西起酒仙桥路，东至京包铁路、北起酒仙桥北路，南至将台路，面积 60 多万平方米，核心区域约 23 万平方米。798 的原址为北京七星华电科技集团有限责任公司（七星集团）所属的

718 大院。七星集团的前身是 718 联合军工厂，1951 年开始建设，是我国"一五"期间的重点工程，厂房由前民主德国援建，建筑总面积 116.19 万平方米，主要生产军工类电子产品。798 工厂是 718 联合厂的一部分。进入 90 年代之后，随着国有企业改制，部分厂房停工闲置，七星集团将其出租获利。由于毗邻中央美术学院和廉价的租金，开始吸引北京及外地的艺术家，到了世纪之交的时候已经成为我国当代艺术最重要的聚集地之一。艺术家们对厂房建筑进行了艺术改造，成为富有特色的展示和创作空间，现已聚集了 200 多家国际艺术机构，是北京地区知名度最高的文化创意产业集聚区域之一，成了首都文化新地标。798 艺术区在奥运前后进行了周边环境和市政设施的治理改造，整体形象又上了一个台阶，由于面积所限，现在正进行扩容增效，将联合大山子地区的其他 4 家老厂房，组成新的更大范围的大山子文化创意产业功能区。798 艺术区还在每年 9 月底举行"798 艺术节"，通过邀请专业策展人进行策划，这项活动最初只是民间性质，现在转为准官方性质，已成为国际文化艺术交流的平台。798 艺术区的发展模式现在已经被全国部分城市模仿借鉴，例如重庆市在四川美院院长、画家罗中立的建议下，将一处废弃坦克仓库改建为重庆当代艺术中心，名为"坦克库当代艺术中心"，几乎就是复制了 798 模式。

　　798 艺术区经过多年发展以后，目前已经进入产业升级阶段，由于缺乏艺术品交易的配套设施和相关经营机构，园区尚未形成齐备的产业链。基于 798 艺术区的发展现状，歌华文化发展集团在海关总署、文化部、北京市委市政府支持下，于 2012 年 11 月建立了全国首个文化保税中心——北京大山子文化保税中心。中心可以为文化企业降低出口成本约百分之三十至四十，推动文化产品"走出去"。北京市政府计划在 3 至 5 年内，实现大山子地区艺术品成交上千亿元的目标，未来 500 多家机构将成为交易商，会享受相应的政策优惠和各种补贴优惠。把 798 艺术区打造成真正具有全球影响力的艺术品交易园区。

文化资本的利用

798 艺术区的物质形态文化资本主要是它的建筑和其中陈列、销售的艺术品。这些建筑系当年民主德国的援建项目，建筑风格上是工业文明色彩鲜明的德国包豪斯风格。这种厂房屋顶为锯齿状，玻璃窗北向，利用自然光和反射光，以简约、朴素、环保、实用为基本特征，二战结束后逐渐被德国大众接受和喜爱。包豪斯风格的厂房不但在中国的城市建筑中独树一帜，在世界范围内也仅有德国、美国、中国等少数国家保留。2007 年北京市规划委和文物局已经将 798 的包豪斯风格建筑群列入首批优秀近现代建筑之列予以保护。艺术家们入住之后将其打造成"SOHO"（Small Office Home Office，家居办公）式的艺术村落，或者说发展出了类似西方艺术界"LOFT"的生活方式。改造后的建筑内保留了包豪斯风格的结构、外观甚至某些残存的工业设备，但又增加了各种新的文化元素。

798 艺术区精神形式的文化资本则是艺术家们的创造力。798 艺术区的兴起与中央美院搬迁到大山子地区有很大关系，该区域内原

本并无文化基础设施和教育、艺术家资源。罗伯特·伯纳欧
（Robert Bernell）、黄锐、李象群等文化人、活动家的入住起到了引
领作用。此外，艺术家们还使798摆脱了拆迁危险得以保留发展。
798地区原有的规划是参照中关村模式建立"电子城文化创意产业
基地"，后由社区的人大代表、清华大学美术学院教授李象群等人提
交议案，建议终止拆迁、重新规划设计，最终得到了政府部门的支
持，而是否拆迁这件事由于媒体的报道又成了当年的一桩文化事件，
体现了创意阶层的社会资本和文化资本的力量。

　　798的兴起还离不开积累了较多文化资本的高端消费者和相关
从业人员。798艺术区兴起之时，正是中国当代艺术产业化和开始
与国际接轨之时，从一开始就吸引不少国外高水平画展机构，此后
展览商、艺术策划人、收藏家全面介入。此外，798艺术区接近消
费市场，朝阳区亮马桥附近使馆区的外籍人士为798当代艺术在发
展初期提供了消费支撑。李象群总结798艺术区的成功经验时曾表
示，798的位置离首都机场、使馆区、CBD、艺术学院都很近，因此
一开始就是国际化的，相比之下宋庄等艺术区则是内向的、封
闭的。①

　　798还逐渐获得了官方认可、被制度化保证的文化资本。2006
年，798艺术区被北京市政府和朝阳区列为首批文化创意产业集聚
区，后来又在2006年和2007年两届北京国际文化创意产业博览会
上获得"中国最佳创意园区"的奖项，目前又成立了文化保税中心，
大大降低了文化艺术产品的出口成本。798吸引了世界各国的政要
名流，德国总理施罗德、法国总统萨科齐、国际奥委会主席罗格、
欧盟主席巴罗佐等人都到此参观。798艺术区还获得《时代周刊》
《新闻周刊》《纽约时报》等国际著名媒体的认可，例如《时代周

---

　　① 李雪梅：《北京798从军工厂到艺术区》，《中国国家地理杂志》2006年第6期。

刊》2003 年就将其评为全球最有文化标志性的 22 个城市艺术中心之一。北京市政府的支持认可和世界范围内社会名流、政府官员和主流媒体的赞誉推动，极大地提高了 798 的知名度，使其获得了国内其他艺术功能区所没有的文化资本优势，增加了其艺术品的附加值。

目前，798 的成功经验引起了全国各地很多老工业城市的重视，一时间许多由老工厂改造的艺术区都新鲜出炉，这种热潮背后也有许多隐忧。首先，每个老工厂都有它的历史和文化特色，不见得每个工厂都有包豪斯风格厂房这样得天独厚的文化资本，其次，每个城市的精神形式文化资本的存量也是不一样的，二线城市对艺术家的吸引力有限，如果只是给他们提供一个临时旅馆不能吸引其落地开花，则没有太大的意义。重庆之所以模仿 798 模式也成功地建立了"坦克库"艺术区，是因为重庆既是老工业文明底蕴深厚的城市，也拥有四川美术学院这一重要的文化资本，如果没有美院创作群的介入，"坦克库"根本不可能发展起来。

四 科技融合：水晶石公司

文化遗产保护领域很早就开始进行科技创新，1992 年，联合国教科文组织启动了"世界的记忆"项目，用现代信息技术将文化遗产数字化，以便永久性地保存，同时数字化也可以最大限度地使社会公众平等地享有文化遗产。我国也十分重视以科技创新来推动文博事业，诞生了一大批新成果，主要模式是利用现代科技手段对文化遗产进行研究、保护、修缮、统计、宣传、展示，用声光电效果再现历史情境，等等。

对于文化创意产业来说，文化产业进入创意产业阶段就是由新的科技革命引起的，两者从一开始就有互动。而"科技与文化融合"本身也是一个文化资本视角的概念。因为在一般生产型企业中，人力资本并不需要实现大范围综合，只要掌握较为复杂的专业技术，完成设定的工作流程就行了。由于文化资本的存在，文化创意企业必须同时遵循文化符号生产的规律、科学技术的规律和经济规律，进行跨学科、跨专业、跨领域的综合并使之产生完美的创意理念和创意成果——也就是"融合"。科技与文化融合不仅对文化创意产业有很大的推动力，对科技发展也是一个契机，张京成认为，"在传统产业领域无处释放的科技力量，正好通过文化与科技融合的路径输入到文化产业"。[①]

科技与文化资本相融合目前主要体现在：首先，利用声光电、数字多媒体的新技术进行产品设计、文本制作、效果演示、宣传推广等，现代旅游业、博物馆业需要新技术来虚拟旅游世界、重现某种历史情境，建筑设计需要演示方案效果，会展业需要三维影视图像节目。其次，把创意企业和个人创造的具有知识产权性质的文化产品进行数字化，在电视、网络、广播、纸媒等多种媒介上传播，制成多种形式的文化产品（数字印刷出版物、电子出版物、光盘、音像制品、网络游戏等），获得文化产品高附加值的收益。可以说正是数字技术的出现，把文化资本的收益最大化了。

北京在改革发展过程中，依托自身丰富的科技文化资源优势，提出了实施科技创新、文化创新"双轮驱动"的发展战略。科技创新对北京的文化资本利用及文化创意产业发展有极大的推动作用，全市文化领域的高新技术企业有 3000 多家，占比为 19%。[②] 出现了一批重要的文化科技项目：中关村国家自主创新示范区核心区是首批国级文化与科技融合示范基地之一。水晶石公司创作了一大批数字化文化遗产传承类作品，产生了较大的社会影响力；北京数码视讯公司利用 OTT 技术打造了超级电视平台项目；北京作为"设计

①　《科技与文化融合需"创意"粘合剂》，《科学时报》2013 年 5 月 22 日。
②　《文化科技融合将成北京经济社会发展新引擎》，《北京晨报》2017 年 10 月 15 日。

之都"每年涌现大量由新科技引领的设计产业发展成果，2017年，北京市规模以上设计服务企业收入合计335.6亿元，同比增长20.9%。2017年北京市规模以上软件和信息技术服务企业的收入合计7015.8亿元，同比增长16.7%。

成功案例

水晶石数字科技有限公司成立于1995年，核心业务是三维可视化的开发和应用服务，包括影视制作、建筑设计、建筑可视化、商业演示，同时致力于数字媒体技术的教育、推广、普及工作。成立初期主要参与建筑设计的视觉表现，逐步在国内建立专业品牌。2000年为北京申奥提供数字多媒体产品，制作了10分钟申奥场馆宣传片，这时水晶石还只是一家仅有30人的小公司。2004年成为第28届苏州世界遗产大会指定三维图像开发商。2006年获得"北京2008年奥运会图像设计服务供应商"资格，这也是奥运会历史上第一次出现数字图像赞助商。2008年成为北京奥运会开（闭）幕式影像制作运营项目总承包商，并承担北京奥运会、残奥会体育展示与颁奖仪式视频内容制作。在服务北京奥运会的8年时间里，"水晶石"参与了135个奥运相关项目，包括贯穿开幕式始终10余场次的数字影像内容以及开幕式145.5米地幕、492米鸟巢顶部碗边环幕的全部数字影像内容。

水晶石继北京奥运会成功之后，又成为上海2010年世博会指定多媒体设计服务商，2010年共完成100余个世博相关项目，包括中国馆"动态版清明上河图"及"网上世博会"等明星项目，服务对象包括国际展览局、上海世博局、各省市政府、参展企业、规划设计机构以及广大公众。此后，《清明上河图》项目分别在香港、澳门、台北进行巡展，获得英国国际视觉传播协会（IVCA）颁发的年度"最佳现场和体验活动大奖"，以及国际主题休闲娱乐行业协会（T. E. A）第17届"最佳体验活动金奖"。2011年成为深圳全国大学生运动会图像设计服务独家供应商，2012年为伦敦奥运会提供了视觉总包服务。通过服务两届奥运会和世博会，水晶石的创意能力、品牌价值和美誉度都大大攀升。目前已成为亚洲数字视觉展示最大规模企业，人员规模达到2200余人，在国内外设有10余个分支机构和办事处。

文化资本的利用

水晶石公司在文化资本的利用上有三个经验。其一，他们实现品牌价值的大幅攀升，是通过把中国传统历史文化资源制成三维影像的众多大型项目，包括用数字多媒体复原北京老城、唐代长安城、秦始皇陵等遗址、上海世博会上的动态数字版《清明上河图》，参与制作文化遗产保护宣传片《我们的记忆，我们的遗产》（浙江诸葛村宣传片），与各地方博物馆和文化机构合作，进行文物的数字化复原工作。水晶石后来逐步将积累的经验扩展到影视动画领域，完成了《故宫》《大国崛起》《新丝绸之路》《大明宫》《玄奘大师》等大型纪录片的三维动画及特效。这些与中国传统历史文化资源相结合的系列创意产品引起了社会的广泛关注，在国外也有很好的反响。其成功一方面是因为公司在技术和创意上的精心研发，另一方面也是因为在经济上逐渐崛起的中国，迫切需要以现代叙述方式向外界传播中国文化符号，讲述中国人的故事，塑造当代中国的新形象。水晶石的数字化创意作品既是对民族文化记忆的保存延续，又是对中国文化软实力的表达。

其二，水晶石公司选择了一条艰难却回报最丰的创业途径，就是把主业从做建筑企业视觉效果展示变为主要做大型文化活动的数码展示，他们依靠奥运会、世博会等大型活动的巨大影响力，获得了制度认可的文化资本，这些就是企业立足于市场的金字招牌。伦敦奥运会选中水晶石公司而非英国公司作为数字图像服务供应商，甚至遭到了英国媒体和动漫设计界的批评。伦敦的选择固然有经济上的考虑，但毫无疑问和水晶石公司在北京奥运会上的出色表现有关。按照奥运商业规则，水晶石为伦敦奥运做服务商是一次赞助活动，他们是首家赞助伦敦奥运会的中国大陆企业，投入了 1 亿元人民币，免费提供 7 万个电子亮光板，为伦敦奥组委省了一笔钱，相对于水晶石 2009 年中标时的年利润来说，也是一笔不小的开支，可以看出这家企业不愿意错过任何积累这种文化资本的机会。

其三，水晶石公司非常注重创意阶层的培养。他们虽然是以做技术起家的数码公司，看中的却是文化创意本身，在公司内部不断告诫员工避免作品的过度数字化和电子化，避免科技手段喧宾夺主。水晶石企业内部有不同的创意工作者，他们也很尊重这部分人的权益，给予他们较为宽松的创作自由。同时，水晶石又是一家做数码影像教育的公司，他们在全国多个城市成立了自己的专业教育培训机构，为中国积累了数码创意人才方面的文化资本。与此同时，上述从官方认可的文化资本又被利用、转变成了一种教育产业的生产要素，可谓一石二鸟，获得了丰厚的回报。

五 体制改革：朝阳文化馆

事业单位是我国特有的法人机构，无论是文化事业单位还是文化创意企业，都是在文化领域从事研究创作、产品生产和文化服务的组织机构。事业单位生产的目的是为了提供社会福利，满足社会文化、教育、科学、卫生等方面需要，它不以营利为直接目的，但不等于没有经营活动。如果文化事业单位不能很好地经营管理，没有生产出优秀的文化产品，不但满足不了人民群众的文化需求，经济上也只能依靠国家拨款生存，单位职工的待遇福利无法提高，其生产创作的积极性受到抑制，最后形成恶性循环。

文化事业单位的创意工作者、文化场馆和其他文化资源都是重要的文化资本，通过转企改制，上级部门由管人管事管物过渡到管方向管精神，才能把这部分文化资本的作用充分发挥出来。从发达国家的经验看，无论是否营利性的文化企业，都是采用聘用制，以合同形式约定工作内容、报酬和时间，文化企业的经营管理和文化生产都有细致的规章制度予以保证和约束，相关的文化交易市场、经纪人制度等都较为健全。这些方面都值得我们的文化事业单位改制时学习。北京的文化事业单位众多，在文化体制改革方面勇于创新、走在全国前列，激活了原有的文化资本，使文化生产力得到释放。

成功案例

朝阳文化馆即朝阳区文化馆，始建于 1958 年，1992 年拆除旧馆建设新馆，现有馆舍面积 11000 平方米，分主楼、配楼和附属设施。主楼以演艺活动为主，共 6 个剧场、3 个影厅、3 个展室，有较好的天然声场效果；配楼以培训为主，共 30 余个教室，附属设施有非遗展厅、会议室等。是目前全国面积最大、设施较齐全的文化馆。

1996 年，朝阳文化馆新馆落成时，一度欠债数百万元之多。1997 年文化馆开始组织商业演出、灯光音响队、音乐沙龙，出租剧场，开办台球厅、培训学校等等，摸索企业化经营管理之路。2002 年，朝阳文化馆开始实施竞聘制，推出了"群众文化项目索引"，建立"一事一聘"的"标准馆员"上岗机制，按岗定人定酬。2003 年，被中宣部列为全国文化体制改革试点单位，是被列入试点的唯一一家文化馆。朝阳文化馆从破解体制机制入手,将全额拨款转为差额拨款事业单位;打破终身制的大锅饭和铁饭碗,采取以项目为核心的全员竞聘制(在编与外聘人员各50余人)。经过多年改革,朝阳文化馆已开辟了文化培训学校、"9个剧场"、文化发展公司、影视制作、艺术收藏、广告媒体等数十项具有市场先导性的经营项目,其中"9个剧场"和朝阳培训学校已建设成为北京的文化品牌和戏剧基地。目前,内外设施总面积延展到近3万平方米,盘活了基层闲置资源,实现区域公共文化资源的联动互补。每年的创收从建馆初期的240万元上升到目前的2000万元,在全国文化馆系统中连年位居第一,颠覆了文化馆完全由政府贴钱办的形象。每年从创收中拿出1/3投入公共文化项目,形成文化事业与文化创意产业协调发展的良性循环。先后推出公共文化品牌30余项,其中"社区一家亲""民工影院""大学生戏剧节"等受到全国关注。荣获"全国精神文明创建工作先进单位""全国文化工作先进集体""全国文明单位"等多个荣誉称号,成为全国文化系统千余家文化单位考察的示范馆。

文化资本的利用

朝阳文化馆的文化资本除了身为公共文化服务体系的官方资源之外,主要就是它的馆员。文化馆的员工并非专业搞艺术研究和创作的人才,而是以管理学、社会学等学科背景为主,要负责策划、管理各种经营性、公益性的文化项目,他们属于文化创意阶层中的一个特殊类别。西方的博物馆、美术馆系统和我国的艺术圈近年来都涌现了许多策展人(curator),而创意企业里有"创意经理",大众媒体和影视音乐产业中有节目制作人等等,他们都不是符号文本的直接生产者,但一定程度上又要理解符号文本、把文化产品呈现给大众,费瑟斯通和布尔迪厄称之为"新型文化中间人"(cultural intermediaries）。① 文化馆的馆员也属于创意阶层的一部分，需要在文化馆的日常项目运营中发挥他们的才智，但是在旧体制下，这些馆员往往按照政府要求和日常工作计划向社会提供文化产品，根本没有自由施展才能的空间，也不会有相应的物质回报。

朝阳文化馆的做法是：首先进行了"去科层化"的改革。打破内部原有的固定科室设置，建立了以项目负责制为核心的全员聘任制，详细制定项目职能和任务标准规定。项目制只看最终的结果，运行过程则全权交由项目负责人，省去了许多中间环节，职责更加明晰，效率更高，避免了原来多个科室协调，造成工作拖延、低效的情况。每一季度还有专门的考核员进行量化考核。此外，从1996年开始就向外企学习，引入了企业形象识别系统。目前，文化馆甚至没有专门设置一个行政办公室，却能充分考虑到拓展性新项目聘任的年轻人的需要，为他们提供独立的工作室。朝阳文化馆既采用了现代企业管理方式，又进行了去科层化的改革，最大限度地为创意工作者提供了创作空间，有利于他们自身文化资本的开发利用。

进行企业化管理使他们能够迅速追踪呈多样化发展、细分的文化消费需求。文化馆新馆建成之初，馆长徐伟等人就通过调研发现，北京的实验话剧、先锋话剧十分活跃，然而小剧场奇缺，不能满足学生、知识分子、创意阶层对实验话剧的需求。于是文化馆利用自身的场馆设施创办了"9个剧场"，通过大小不一、风格各异的多剧场聚落，以及层出不穷的文化创意，和灵活多元的经营模式，迅速占领了市场。"9个剧场"成了北京市小剧场演出的著名品牌，在文化馆全部收入中也占到相当大的比例。

另外，朝阳文化馆没有丢掉自己提供公共文化服务的本行，而是采用了产业发展带动事业发展的模式。文化馆把文化创意产业收

① 迈克·费瑟斯通：《消费文化与后现代主义》，刘精明译，译林出版社，2000，第66页。

入的三分之一投入到公共文化服务中，还把经营性项目一些品牌打造的手段和市场理念运用到了公共文化服务上。他们改变了过去被动完成任务的服务方式，把文化的大众教育功能和实现人的自由发展作为最终目标。近年来，朝阳文化馆在公益性文化活动的品牌创意上，注意把握社会热点问题，从关注、化解社会矛盾的角度出发，以文化的视角搭建起社会沟通交流的桥梁，使得文化馆提供的公共文化服不但有很强的现实针对性，也获得了社会的认可好评。从1997年开始，文化馆创建了由70名下岗女工组成的"红半天"大鼓队，推出"民工影院"，吸收组织堡头地区的学生、工人、农民、高档小区居民组成"文化居委会"，组织街道社区的"一米田"蔬菜种植等。这些活动都有很强的探索性质，很多收到了好的效果。

第七章

北京利用文化资本发展文化创意产业的问题与不足

北京市在利用文化资本发展文化创意产业方面取得了很大的成就，但现阶段仍存在一些不可忽视的问题，有进一步改善提升的空间，主要表现在四个方面：第一，随着近年来城市建设和旧城改造的步伐加快，文化资源向文化资本转化的成功率不高，一批体现城市文化特色的历史文化建筑、街区未能很好地保护利用。第二，文化创新、内容创新没有跟上科技创新的步伐，精神形式的文化资本有待进一步开掘。第三，作为被制度保证的文化资本，品牌的优势地位还没有充分建立。第四，进行文化资本开发利用的主体和关键因素——创意阶层目前刚刚形成，还面临许多生存发展的困境。

一 物质形式的文化资本：局部开发过度，整体利用不足

历史文化遗存和文化设施是最常见的城市物质形态的文化资本。北京是有着 3000 多年建城史、800 多年建都史的历史文化名城，历史文化资源丰富，文化遗产等级高、门类齐、数量多，拥有一批世界文化遗产。北京的四级公共文化设施实现了全覆盖，拥有一大批

地标性的重点文化设施。然而由于物质形态文化资本存量十分庞大，政府和城市规划管理部门、文物文化部门只能集中主要的人力、物力、财力，管理维护一批重点的历史文化遗存和文化设施。北京在发展文化创意产业过程中，对这一类文化资本的开发利用都集中在热点区域，部分景点一到节假日则交通堵塞、人满为患，例如故宫博物院在"五一""十一"等假期，每日参观人数常常能够达到10万人，不得不采取关闭窗口限流的措施，故宫在"小长假""黄金周"之外举办的"石渠宝笈"等特展活动以及重要专题讲座，往往也人满为患。巨大的客流压力不仅给观众安全造成极大隐患，同时也会严重影响观众参观过程中的文化体验和舒适度，甚至造成历史文化遗存和设施的人为损坏、流失。这些都不利于北京文化创意产业的整体发展和可持续性发展。此外，北京对这一类重点历史文化遗产的过分依赖，造成了旅游业向现代文化创意产业转型的困难。北京市的旅游规划对北京旅游产品的判断是"以观光为基础的核心吸引力产品"，这一定程度上导致了片面追求重点景区的客流和景点收益最大化，造成了文化资本的整体开发利用不足。

散落于城区各角落、各区县的物质形态文化资本并没有得到很好的利用。现代化城市建设与历史文化名城保护，现代化城市的文化建设与历史文化保护传承存在对立统一的关系，人们在飞速推进的城市化进程中，有时会毫不吝惜地舍弃一些历史文化遗存，而更看中所在地段用作房地产开发、商业开发的直接经济效益。

1. 作为城市基体的文化资本没有充分利用

北京的四合院、胡同、名人故居、地方会馆、老戏楼、老公馆、老街区等民用建筑构成了北京最基本的文化特色，也就是城市的"基体"。如果没有这些历史文化遗产组成的城市整体风貌与城市环境，只有孤零零的一座紫禁城，则不能称之为历史文化名城。世界其他的著名城市也是如此，巴黎如果没有完整保护下来的巴黎旧城，仅有埃菲尔铁塔和卢浮宫，威尼斯没有复杂的城市水上交通网络，仅有一座凤凰歌剧院和"双年展"，也难有历史文化名城魅力。对作为城市基体的历史文化遗产进行保护，其意义十分重要，然而在北京经常有这一类物质形态文化资本遭弃之如敝屣的事件出现。

北京的名人故居数量极多，明清以来的众多文化名人、历史人物曾在北京留下过印迹，相当多的名人故居都混杂在居民大杂院中，保护不够、破败不堪，最后在拆迁时完全破坏。2005年颁布的《北京名人故居保护与利用工作的建议案》显示，当时登记在册的308所名人故居，有189所都没有进行保护，另有97所已经拆除。2012年，东城区北总布胡24号院的梁思成、林徽因夫妇故居被拆毁，虽然施工单位被新闻媒体曝光，并被有关部门罚款50万元，却已经很难再恢复故居原貌；类似情况还有新街口八道湾胡同的鲁迅、周作人故居，其老屋虽被保留，但划归了搬迁到此处的北京第35中学，利用程度并不高。胡同、四合院的情况同样不容乐观，虽然进行整体保护的南锣鼓巷、后海胡同区等区域成功地发展起了文化创意产业，但更多的具有历史文化价值的胡同、四合院没有得到很好的利用。例如新街口的另一条胡同"百花深处"胡同曾是明代著名花圃，20世纪90年代汇聚过许多重要的音乐工作室，还出现在一些文学、影视、音乐作品中，如今也一并拆毁，导演陈凯歌围绕此事拍摄了短片《百花深处》。北京还有很多地方会馆，较为著名的有湖广会馆、湖南会馆、绍兴会馆、江西会馆、安徽会馆、福州会馆等，有的还附有老戏楼，这批会馆里的大多数也没有被很好地利用。

由于首都中心区功能过分集中，城市功能相互重叠干扰，历史文化遗存保护与城区改造、环境治理、交通疏散的矛盾突出。大量历史文化遗存特别是名人故居、会馆等还具备使用功能的文物建筑，被社会不合理占用，北京市文保单位嵩祝寺、智珠寺就一度被用作高档餐饮会所，国立蒙藏学校旧址则是民族大世界商场用地。天坛外坛内、先农坛、故宫西华门内侧等被多家机构占用，此外逐步出现在中轴线两侧不同地段的体量高大的现代建筑，也影响了中轴线传统风貌的呈现。占用历史文化遗存的单位在生活、办公中产生各类安全隐患，对文物建筑造成威胁。占用历史文化遗存的单位往往不好腾退，其隶属关系不顺、产权使用不一，有的单位看到了同地段高昂的房地产价格，企图获得高额的拆迁补偿费用，不愿意配合有关部门的腾退工作。

除这些作为城市基体的民用建筑之外，物质形态文化资本的另一大类别——文物，其流失、损坏的情况也很严重。市区范围内，城市改扩建往往会造成文物保护的困难，文物保护单位又没有干涉工程的权力，地下埋藏的文物没有建立分级制度，群众文物保护意识也不强，很容易造成文物流失。另外，文物保护单位自身管理和建设也存在一定的问题，屡屡传出文物失窃、损坏的新闻。例如2010年，清华老学堂失火；2011年，故宫藏一级文物、宋代哥窑青釉葵瓣口盘被毁，香港两依藏博物馆在故宫博物院斋宫展出的7件展品失窃；2012年，西城区因为拆迁丢失了北大吉巷47号的罕见云纹门墩；2013年，故宫的清代铜镀金转花水法人打钟因游客敲碎展室玻璃而损坏，圆明园为西部园区开放而新挖掘出土的乾隆御笔和文源阁冰裂纹地砖等遭到游客涂鸦。郊区县的文物监管保护力度有限，加之近年来国内文物市场的火爆，更是经常出现文物流失和损坏的情况，区级以下不可移动文物受到的损失最大。2012年的暴雨灾害中，周口店遗址、云居寺、西山大觉寺、宛平城等多处国家级和市级文保单位受损，包括基础设施、服务设施在内的经济损失达到8.5亿元。2017年，十三陵思陵碑楼前的石烛台被盗。以上事件都说明了历史文化遗存的保护利用还有很多工作要做。

2. 城市文化设施的利用率有待提高

博物馆、美术馆、图书馆等公共文化设施主要收藏物质形态文化资本（美术品、工艺品、文物、善本等），或因其独特的建筑造型、美学风格和在城市中的文化意义，获得了自身的文化资本。同时，这些设施因其文化、教育功能，为城市居民积累起更多的个人文化资本。这些设施是利用文化资本进行文化生产，发展文化创意产业和文化事业的场所。朝阳区文化馆的成功案例表明，公共文化服务的"五馆"设施可以积极推动地区文化创意产业的发展。如果这些场馆较为灵活地针对市场需求开展文化服务，因其公益性的特征和较为低廉的费用，可以很好地成为中小型文化创意企业和创意人才的孵化器。

重硬件设施建设、轻后期管理运营是目前公共文化服务体系建设存在的一大问题。北京地区的公共文化设施虽然十分完备，不乏国家博物馆、国家图书馆、首都博物馆这样的大型地标性文化设施，却在总体上呈现出利用率不高的情况。北京市社会科学院的调查显示，社会公众对公共文化设施的使用状况和应用程度并不高。其中，针对博物馆、美术馆、科技馆、纪念馆和陈列馆的调查数据显示，24.4%的受访者一年中从未去过这5类场所，61.6%的人平均每年去1到5次。市民对文化馆的年均光顾次数更低，93.7%的人平均每年到馆5次以下，其中，58.6%没去过文化馆，35.1%的人每年到馆次数为1到5次。此外，档案馆在各类公共文化设施中对市民的吸引力最低，85.3%的市民一年内没有去过档案馆。除公务员外，大部分人对档案馆所知甚少，觉得和自己没有关系。社区基层公共文化设施方面，同样存在参与度不高的问题。调查显示64.2%的人一年中从未去过社区阅览室、农家书屋、基层文化站、文化活动室等。①

3. 文化创意产业集聚区的文化资本没有充分利用

北京的国家级文化产业园区、基地和市级的文化创意集聚区、

---

① 参见李建盛、陈玲玲主编《北京公共文化服务体系与惠民工程建设》，知识产权出版社，2013，第151~179页。

文化服务功能区数量众多，其中不乏一些主要依托所在区域的历史文化遗存、文化设施建立起来的，有的则依赖精神层面文化资本的大量投入（集聚区发展所需的文化创意人才、知识产权等）。如果全市的集聚区建设不能统筹安排、分工协作、园区内部的不同企业没有共生互补的业务关系和价值链上的彼此需求，则容易出现同质化竞争的现象，最终造成文化资本的浪费。以漫画产业为例，海淀园动漫产业孵化器、石景山中国动漫游戏城、大兴新媒体基地等数家集聚区都在发展同类产业，造成重复建设、资源浪费和行业整体水平不高。

即使没有严重的同质化竞争，坐拥独一无二的历史文化遗产，也不见得就能实现文化创意产业集聚区的较快发展。十三陵明文化创意产业集聚区就是一家主要依托文化遗产建立的园区，不仅本身拥有高级别的历史文化遗存，周边的居庸关长城也属于世界文化遗产。像昌平这样作为一个区县就拥有两项联合国教科文组织评定的世界文化遗产，在全国乃至世界都是不多见的，本应将其变成推动文化创意产业发展的资本，把十三陵特区变成昌平区规划所说的"历史文化和自然生态景观相结合的知名旅游景区和休闲度假区"。然而实际情况是，该园区一直没有真正发展起文化创意产业，只是依赖旅游甚至门票这一项收益，2011 年十三陵特区全年接待游客达505 万人次，旅游经济总收入只有 2.9 亿元。《中国青年报》有文章以"明十三陵的懒思维"为题予以批评①，认为该园区的发展模式相比西安市临潼区秦始皇陵要落后得多，后者按照国家遗址公园的模式，把民俗、生态、观光、体验等产业与旅游相融合，获得了全面的收益，反过来也会带动门票收入的提高，2011 年秦始皇陵仅门票收入一项就有 5 亿元进账，对整个地方经济的贡献更是不可估量。

---

① 裴钰：《明十三陵的"懒思维"》，《中国青年报》2010 年 6 月 11 日。

从这种现象可以看出，即使拥有独一无二的文化资本同样需要合理地运用。

二　精神形式的文化资本：保护利用不够，内容创新不足

文化创意产业被定义为"以创作、创造、创新为根本手段，以文化内容和创意成果为核心价值，以知识产权实现或消费为交易特征，为社会公众提供文化体验"，可以看出内容的重要性。文化内容和创意成果是精神形式、物质形式的文化资本，而知识产权则是被制度保证的文化资本。北京的文化创意产业比较重视与其他产业发展相结合，能够利用数字技术、网络技术、新媒体来创新文化产品的生产、传播方式，却在文化创新和内容创新上有所不足，成为制约文化创意企业发展的瓶颈。以动漫产业为例，北京现有海淀园动漫产业孵化器、石景山中国动漫游戏城、大兴新媒体基地等多处园区都在发展动漫，也推出了很多原创动漫作品，却没有真正的畅销之作。《魁拔》《兔侠传奇》等北京原创动漫作品都是如此，制片方在影片或动画上映前用了相当多的精力来做市场推广，作品也被推荐参加各种专业评奖，仍然没有打动打太多的消费者。北京的动漫产业一般都和网络游戏放在一起进行产业统计，两者相加的数据掩盖了动漫业发展的滞后。

内容创新不足的实质就是文化商品注入的文化资本有限，产品的实际价值不高。之所以会出现这种情况，其主要原因在于以下三点。

首先，知识产权保护的工作不到位，导致创意工作者的积极性受挫。文化创意产业和其他产业相比有一个显著的特点：大部分文化产品都具有高固定成本、低复制成本的特征。图书、音乐、影像制品和数字信息类的文化创意产品，其前期制作需要大量的资金和

人力投入，包括购买版权，组织创意工作者进行创作，后期编辑加工、赋予其某种物质载体，等等。然而一旦包含创意者劳动的符号文本完成，在进行批量生产时就不需要花费太多的成本。而且文化产品内容本身的复制，在今天的数字时代非常容易实现，这就造成了一部好的作品或文化创意产品出现之后，迅速被人抄袭、盗用。目前，北京的一些传统优势文化创意产业领域，如出版、影视、演艺等不同程度上出现了题材雷同、缺乏新意、不断翻做、原创力匮乏的情况。动漫和图书出版业的情况尤其严重，从图书选题、写作风格、书名到版式设计、封面装帧都存在严重的抄袭现象，民营工作室能在很短时间内按照畅销书的样式炮制出"跟风"作品，而且这种风气也蔓延到了一些传统出版社。从一个较大范围和较长时期来看，抄袭、盗版会使知识产权的价值降低，没有投资人愿意投入重金支持原创作品，打击了创意工作者的积极性。抄袭、盗版不仅让原创者赚不到钱，从长远来看，它最终使全行业的发展水平都降低。从消费者的角度看，中国公民的知识产权保护观念虽然较之以前有了很大的提高，但现阶段还是有很多人把文化产品看作一种公共物品，不愿意为原创作品付费，而是通过网络下载、自行翻印、翻录等手段来获得文化产品。这也是导致原创力不足的原因之一。

北京在知识产权保护方面，已经做了不少工作。2012 年 6 月 26日，世界知识产权组织保护音像表演外交会议在北京正式签署《北京条约》，填补了视听表演领域全面版权保护国际条约的空白，也是在中国诞生的第一个国际知识产权条约。北京还借《北京条约》问世之机，提出了打造"版权之都"的口号。然而要遏制盗版、抄袭和侵权，必须在文化创意产品的生产销售环节，进行更多的查处。如前面提到的盗用他人装帧设计的问题，基本已经成为北京出版界的潜规则，著作权法对此没有明确界定，政府相关部门也没有拿出一个有效办法来判断、衡量是否侵权，导致抄袭之风愈演愈烈。必须建立政府、行业协会、企业相互协调的知识产权保护机制，推动知识产权专利"预警"工作的开展。

其次，内容创新不足的另一大原因在于创新人才、创意人才的匮乏。目前，北京的创意阶层人才缺口较大，数量和质量都不能满足文化创意产业发展的需要。据媒体报道，目前发展较快的动漫行业，整个业界需要 15 万至 20 万人，但现在培养动漫人才的速度约为每年 1 万人①，数字影视、设计等行业的创意人才也很紧缺。北京高校和科研机构林立，人力资源本应是北京经济社会发展的一大优势，然而文化资本与经济学意义上的人力资本不一样，它拥有的主要不是完成预设目标的能力，而是进行专业知识基础之上的综合和创造性劳动。文化创意产业的主创人员除了"制作文本"这一必不可少的技能外，还要具备较高的想象力、鉴赏力和判断力，同时对文化思潮和社会大众的审美趣味也有敏锐地把握。文化创意产业对创意工作者、从业人员的这种高要求，与我国学校教育的现状形成一对矛盾——我国的高等教育长期以来不注重综合能力的培养，近年来虽然能够较多地鼓励学生走出校门，参与社会实践或者去相关单位、企业实习，但是另一方面又忽视了基础知识和通识教育，导致学生只能掌握本专业的有限的一点技能，不仅不能实现跨学科、跨领域的融会贯通，就连本专业的理论知识积累得都不多。众多理工科出身的人才具备出色的专业技术知识，却不符合文化创意产业的实际生产需要。

最后，从创意企业的角度上看，企业往往对内容创新的复杂性和必要性也没有足够的认识。文化创意产业既是规模经济，又是一种高风险的经济，原创文本的成功是一件很不确定的事。有时候，文化创意企业按照通常的市场需求、消费特点制作了一些商业性很

① 龚亮：《北京文化创意人才遭遇到什么?》，《光明日报》2011 年 11 月 23 日。

强的文本，甚至起用大牌作者、大牌明星，投入了大量资金，其结果是这种类型的文本突然就被文化消费市场厌倦和抛弃。企图依靠明星制来确保收益，而不在文本内容上下功夫，会导致文化创意产业的竞争水平下降。文化内容和创意成果，如同高新技术产业的科技一样，需要长期、大量、高风险的研发投入，它的价值在于为企业提供独有的核心竞争力，为文化创意产业的产业链提供动能。而目前文化创意企业相比高新技术产业，在这方面的投入要低得多。

三　制度保证的文化资本：文化品牌大而不强

　　文化创意企业的品牌是被法律或社会制度保证的文化资本，这种制度化了的资本能够带来较为稳定的经济收益，而不像一般原创作品那样充满了市场的高风险，还具有可以交易、转让的特征。文化创意产业比其他产业的企业更依赖品牌效应，而一般的日用消费类产品如饮料、运动鞋、家用电脑等，为了增加自己的品牌价值，往往也大量赞助文化、娱乐、体育活动或请明星代言，增加其商品的流行文化元素。2017 年的福布斯全球品牌价值榜（见表 7－1）中，位居前列的品牌大多直接或间接地与文化创意产业发生联系，有研究者认为具备大量文化含量的日用品生产本身就是一种文化制造。① 北京的文化创意产业发展虽然取得了相当大的成就，在文化品牌塑造方面做得还不够，很多文化创意产业领域的品牌可谓"大而不强"，其主要表现在于以下几方面。

　　第一，文化创意产业的龙头企业、明星企业还不多。北京的国有经营性文化事业单位数量众多，事业单位转企改制之后，急需完善现代企业管理制度，目前骨干文化企业的规模还不够大，市场竞

---

① 张颐武：《坚持现代文化引领　传播中国核心价值观》，中国新闻网，http://news. si-na. com. cn/o/2012－01－16/142923808857. shtml。

争力还不够强，品牌亮点还不够多。在《光明日报》《经济日报》
2017年联合发布的榜单——第9届中国"文化企业30强"中，北
京的万达文化产业集团有限公司、北京市文化投资发展集团有限责
任公司、歌华有线电视网络股份有限公司、完美世界股份有限公司、
华谊兄弟传媒股份有限公司共5家企业登榜，数量并不算多。

表7-1　2017年福布斯全球品牌价值榜前十名

单位：亿美元

排名	品牌	价值	增长（%）	品牌收入	广告支出	领域
1	苹果	1700	10	2142	18	科技
2	谷歌	1018	23	805	39	科技
3	微软	870	16	853	16	科技
4	脸书	735	40	256	3.1	科技
5	可口可乐	564	-4	230	40	饮料
6	亚马逊	541	54	1330	50	科技
7	迪士尼	439	11	307	29	娱乐
8	丰田	411	-2	1688	43	汽车
9	麦当劳	403	3	850	6.46	餐饮
10	三星	382	6	1667	37	科技

第二，文化品牌的国际竞争力还比较弱。北京的文化贸易进出
口额占全国的比重一直高居首位，但是其中文化出口的比例一直不
高，文化出口总量较小，市场竞争力不强。从产业门类来看是网络
游戏一枝独秀，其中又较多依靠"完美世界"等少数几家公司的力
量。北京每年的文化产品出口收益还不如英国的超级足球联赛在大
中华区售出的电视转播权收益多。此外，很多出口的文化服务和文
化品牌都没有真正占据国外市场，政府补贴的文化交流项目比例过
高。部委直属文艺院团的对外文化活动较多，绝大部分是政府主导
下的文化交流，政府派出和随团出访的团组占很大比例，享受财政
补贴，没有或只有较少的经济效益。尽管北京的文化创意产业集团

已开始以直接投资、入股合资、收购等方式在国际重要城市建立营销服务机构，但规模、数量都还不够，文化产品输出的具体方式方法也有待研究。例如万达集团并购美国 AMC 公司以后组织《1942》《泰囧》两部国内的卖座电影在美国院线上映，票房很不理想。要实现文化产品经常性进入欧美主流文化市场，成为国际文化贸易的主要参与者和重要组成部分，还有很长的路要走。权威机构的品牌排行榜也可以反映出北京文化品牌在国际市场中的影响力和竞争力相对较弱，高端品牌也严重缺乏。根据亚太总裁协会（APCEO）2012年发布的国际文化产业排名情况看，北京也没有企业入选世界前50强，而北京地区仅有中国出版集团和中影集团两家大型央企入选，相对伦敦、巴黎、纽约等世界城市，北京依然缺乏有足够数量的文化创意领军企业。

第三，北京对文化老品牌的保护和利用需要加强。北京有许多"老字号"品牌，数量居全国之首，很多被列入国家非物质文化遗产，是北京历史文脉的组成部分和宝贵的文化资本。但进入新时期以来，由于市场竞争日趋激烈，很多老字号企业历经体制转换，面临着销售网点流失、体制转换困难、专业人才缺乏、创新能力不足、知识产权保护不力、市场开拓能力较弱等诸多问题，除全聚德、同仁堂等少数老字号企业通过改革创新发展，成为享誉国内外的著名品牌外，目前其他大多数老字号企业的生存状况不容乐观。有的老字号品牌被其他地区的企业抢注，"同仁堂""全聚德"等品牌在海外被人抢注。有的老字号由于历史条件变迁，逐渐湮没无闻，北京餐饮界有名的"八大楼"——东兴楼、泰丰楼、致美楼、鸿兴楼、正阳楼、新丰楼、安福楼和春华楼，现在营业的只剩下了东兴楼和泰丰楼。有的老字号商家本着"只此一家，别无分店"的老派经营理念，又或者依赖过去的名气，"酒香不怕巷子深"，不能进行生产服务上的更新，使得品牌的保护利用难以为继。在旧城改造过程中，老字号商家也遭遇了尴尬。前门大栅栏地区本是京城老字号商铺最集中的街区，然而进行翻修复建以后，该街区的商铺房屋租金过高，导致张一元、王麻子等老字号无法跻身其间，前门大街的历史文化韵味也受到了影响。

第四，缺乏子品牌和衍生产品的开发。优秀的文化品牌往往不是单打独斗，而是在一种主要产品的基础上发展处出不同的子系列，满足消费者不同的文化需求。文化创意产业因其"内容产业"的特征，非常适合衍生出系列产品或者其他种类子产品。然而我们实际的情况却是：创作了某些优秀原创作品之后，文化资本的开发利用程度低，文化创意产业跨领域衍生的能力不强。在影视动漫领域，人们欣赏优秀作品之后，往往希望拥有相关的书刊、服饰、玩具等周边产品，而我们的企业要么没有跨领域开发的能力，要么进行跨领域开发的水平很低，只是换一个物质载体，加一个 LOGO，没有考虑创意和再创作的问题。许多国内的衍生产品制造商对本土影视动漫作品没有信心，宁愿为国外商家代工。在文化旅游领域，景点售卖的衍生产品缺乏新意和文化特色，只重生产、不重设计，创新不足、品种单一，甚至与其他城市的旅游纪念品在工艺、造型上都是同一类型。北京文化旅游的总收入中，衍生产品的收益微乎其微，可以忽略不计，这同西方著名世界城市有很大差距。体育文化领域，北京的职业体育竞技水平近年来有很大提高，足球、篮球、排球"三大球"的上座率接连创历史纪录，职业体育拥有巨大的知识产权，包括球员肖像、球队徽章、吉祥物、球队服饰、比赛转播权等，俱乐部却未能利用好自己的文化资本、开发相关创意产品来满足体育迷的需要，而是把这类具有知识产权性质的产品拱手让给了众多民间的山寨作坊。

四　文化资本利用的主体：创意阶层面临困境

创意阶层是文化资本开发利用的主体，其拥有的文化资本也可以视为一种"智慧资本",是创意者的智慧带来了文化创意产业的核心价值。北京文化创意产业发展迅速,但创意人才不仅在很多领域呈现短缺状态,而且在总从业人员中所占的比例,也远远不及纽约、伦敦、东京等著名的创意城市。对于现有的创意阶层来说,他们的生存环境也存在一定问题。

1. 基层文化创意者的收益问题

北京的文化创意产业一方面存在创意人才用工荒,一方面又存在着创意阶层待遇与劳动付出不匹配的现象。文化资本往往首先是作为一种符号资本而起作用的,人们常常不承认文化资本是一种真正的资本,文化资本对经济收益的贡献容易被轻视和忽视。文本创作者可能是文化产业中拥有文化资本最多的人,其他管理、营销和技术人员拥有较少的文化资本,但这并不带来对应的物质回报。

在各个文化领域,无论是人文社会科学研究还是文化创意产业,最初的文本创作者通常待遇都很低。他们的工作业绩较难衡量,工作难度大,付出的劳动多,作品产品的价值很难在短期内体现,或者充满了巨大的失败风险。创意工作者经常因为一个项目,一个具体的创意而连续工作数日、数月,其劳动时间和劳动投入不能以简单的 8 小时工作制来计算。然而企业给予他们的回报又往往不能体现实际的劳动付出。这样,很多创意工作者都是非专职作者,要依靠另一份稳定的收入生活。近年来国内走红的网络小说,几乎都是非职业作家创作的,他们在获得商业成功之后才转为职业作家。例如中国海关系统的职工石悦,在业余时间创作了讲史著作《明朝那些事儿》,获得巨大的商业成功之后才得以调入中国海关出版社,以写作为主要工作,他在没有出名之前,必须依靠做公务员的收入来维持写作生活。无论是出版业还是影视业、音乐唱片行业,只有极少数大牌作者享受着高待遇,但即便是大牌作家或大牌明星,也无法左右文化产业的其他环节。因为作家根本不知道出版社的实际印数，只能在版权谈判的时候规定一定的首印数以确保自己的基本利益，这个版税额是双方对文化资本实现程度的一种预判，对于整个产业来说，明星作者的收益实际上被扣除了一部分来冲抵那些90%的失败作品（所谓"一九定律"或"二八定律"）。明星作者的利益尚不能充分保障，众多基层和外围的创意工作者就更难获得理想的收益了。

创意企业投资人或者企业所有者，经常从经济资本的原则即利润最大化的观念出发，较少考虑和努力实现企业利益相关者如创意经理人、创意人员的利益最大化。然而创意或者说文化资本才是创意产业的核心竞争力，如果创意企业一直坚持这样的分配思想和分配制度，只考虑经济资本的收益而不考虑文化资本的收益，则很难留住创意人才，不可能获得企业发展的持续动力。对于人文社会科学这一文化生产场来说同样是如此，生存压力影响了研究者的学术热情，或逼迫人才向其他大城市、二线城市流动，降低了所在城市的创造活力。

2. 创意阶层的创作自由问题

尽管文化资本在生产活动中具有重要作用，起决定性作用的还是经济资本，创意阶层经常会受到投资人和管理者的影响，难以得到充分的创作空间和创作自由，造成了文化创新不足。例如在出版行业，发行部经理会对书籍的选题策划甚至装帧、定价提出意见。在传统的文化事业单位，文化生产活动更是受制于复杂的等级制组织结构，创意人员需要把方案层层上报、接受上级主管部门的审批。而在主管部门这一方，对文化创意产业的管理权责却是交叉的。北京的文化创意企事业单位像文化保护单位一样分属多个部门，各部门分工明确，实行垂直管理。但这种模式存在的不足之处是政出多门、多头管理、多头执法、职能交叉、效率不高，管理中易出现"越位"以及"缺位"的现象，而且分割管理的方式也不利于首都文化创意产业以跨行业、部门、区域的经营扩张的形式参与国际竞争。

此外，北京的文化管理人才尤其是基层管理人才严重缺乏。转企改制单位的领导仍有许多不懂具体业务，出现外行领导内行现象。同时，随着文化创意产业的发展和文化团体数量的增多，特别是民营文艺文化团体、演出经纪机构、民营书商、工作室的大量出现，文化服务管理的难度进一步加大，文化服务和文化市场亟须加强管理，而目前专业的管理营运人才、基层管理人员都十分缺乏。这些情况都造成了创意工作者的创作活动受到极大地限制。

3. 中小文化创意企业的发展困境

在当前的北京文化创意产业格局中，民营企业、中小企业和个体创意者承担了相当一部分的创意工作。即使是央视这样的国有大中型企业，因为采取服务外包，也有大量草根创意工作者的劳动贡献。出于历史原因，中小企业过去多数从事低端制造业、出口加工业，转向高风险、高生产成本和低复制成本的文化创意产业，需要更多来自政府的扶持和帮助。北京的优势项目、优质项目有很多是由民营中小企业充当主力军，如果政府的财政支持、政策扶持不能配套，企业投资文化创意产业的积极性就会受到影响，优势项目逐渐丧失。

民营企业、中小企业融资困难。文化创意产业的源头是人的知识和创意，所以在诞生之初往往只是一些小型公司、民营公司，其发展壮大需要健全的孵化体系。目前，民营企业已经成为北京文化创意产业发展的重要力量，甚至是其中某些行业的主力军。例如在北京演出市场中，民营演艺机构占总数的80%左右，民营演出团体占总数的70%左右；在北京艺术品市场中，民营机构和个人机构占比高达80%以上；在出版行业，北京是全国民营图书公司和工作室最为集中的地区，工作室数量占到全国的七成以上。民营企业、中小企业的融资难问题目前已经非常突出。

第八章

北京利用文化资本发展文化创意产业的路径探讨

　　国外文化创意研究以译介的方式进入中国，还有一些学者也关注中国文化创意产业的发展，通过文化创意产业国际论坛等途径与中国学界交流，直接对北京的文化创意产业提出建议，其中一些专家的观点颇具建设性。

　　英国"创意经济之父"约翰·霍金斯认为北京的文化创意产业与他本人倡导的创意经济不完全一致，但发展态势良好。他认为欧美有几点经验可供借鉴，一是培训支持。英国政府成立了创意产业的培训委员会。二是自主制定产业政策。比如美国和欧洲，产业政策都是由各下属产业自主讨论制定的，而不是政府牵头制定，每个行业都会做自己的政策研究。三是鼓励竞争。一个公开和公平的市场非常重要，政府在其中可以发挥一定作用。比如政府可以在电视台和制作商之间设立公平的买卖条款，以规范创意产业交易行为。四是政府的公共角色。比如政府要对一些行业内领先的艺术、设计、博物馆等团体进行资金支持。他还建议，可以开发一些和孔庙相关的工艺品，或者开设孔子文化书店。

　　英国策展人、创意产业学者菲利普·多德（Philip Dodd）表示，对北京而言，创意经济至少要考虑三个要素：一是大公司入驻，创建文化创意产业的经济体；二是中小企业的发展壮大；三是由政府发展的管理机构。一个创意城市应创建独有的品牌，在内部还要有一些子品牌。创意产业非常重要的一点就是城市品牌的打造，如果人们知道某地是以创意城市著称的话，就愿意投资，也就容易吸纳最重要的生产要素人才。

澳大利亚的创意产业也有着世界性声誉。澳大利亚创意产业与创新重点研究中心的金麦克（Michael Keane）认为，北京发展文化创意产业最关键的问题是创意产品应当以较低的价格让低收入人群也能消费，让所有的人都能关注并欣赏到新的文化形式，这样才能促进创意产业的快速发展，而不能只考虑高端人群的消费需求，因为这部分市场是很有限的。此外，他认为目前中国的创意产业集聚区过多关注了产业运作和硬件设施建设，应加强软件设施建设和互动关系的建立。

澳大利亚的另一位创意教育学家艾丽卡·麦克威廉（Erica Mc-William）认为，要从"中国制造"过渡到"中国创造"，就要改变教育制度。北京要发展创意产业，必须在日常的课堂上融入创造性的教育方式，这样才能培养起新一代的创意阶层来。在21世纪这样一个创意经济时代，不能让文化教育停留在工业时代的模式上。

丹麦文化学院中国分院的负责人刀文克（Eric Messerschmidt）认为，通过文化创意来提升非物质文化遗产是从下到上，从公众到国家层面的，须建立在精确调研基础上。虽然专家学者和文化团体的作用至关重要，但是互动媒体、新技术和前卫艺术家的参与也很重要。因为只有加入时尚元素，才能让整个事件让大众看起来新鲜有趣、引人入胜。这种创意文化活动的特点有三：一是共同参与性，二是开放性，三是互动性。开放性、互动性、参与性在商业活动中也经常被用到，但是在文化活动中这几乎是一个必要条件。

本章结合国内外文化创意产业研究者的已有成果，针对北京利用文化资本发展文化创意产业所存在的问题和不足，探讨提升发展的途径，主要在科学规划管理、社会力量参与、知识产权激励、文化品牌建设、创意阶层培育等五个方面展开讨论。

一　科学规划管理，提高产业化效率

产业化是文化资本从资源形态向资本形态转变的捷径之一，"只有通过文化资本、智慧资本的产业化、产品化，只有以文化资本为基础，以智慧资本为创新本体和核心，以产业化为生产、再生产和消费、再消费的资本创造和再生过程，文化创意才能转化为被消费的产品，创意资本和文化资本才能转换为经济资本"。① 科学规划管理是产业化开发的基点，如果统筹规划不当，文化资本的利用就可能失之于低效和无序，不仅达不到预期的目的，还有可能造成文化资源的浪费与破坏。

1. 统筹历史文化遗存的保护利用

要保护利用好北京丰富的物质形态文化资本，仅靠文物保护部门的规划是远远不够的。文化资本背后运行的是文化的、符号规律，更多考虑审美价值、历史价值、社会价值，它与经济资本、社会资本背后的运行规律可能会发生冲突，文化资本在产业化、产品化的过程中需要协调各方面的力量。越是一个"场域自主性"低的领域，文物保护受到影响和控制越大。我们从现实生活中看到的情况也是如此，在地方经济社会的结构框架中，历史文化遗产被多个主管部门管理，文化部门自身就缺少话语权。为了追求经济增长速度，有的地方政府可能会作出利于经济利益和当下利益的决策，牺牲一部

---

① 李建盛：《智慧资本、表征资本、产业资本与北京文化创意产业》，《北京行政学院学报》2007 年第 6 期。

分历史文化遗存，这是文物保护部门难以抗衡的。胡同、民居、会馆、名人故居这一类历史文化遗存数量较多，其价值看似不如那些重点保护单位的地标性建筑物，很容易被政府部门轻视，但另外它们又可以成为中小创意企业发展的重要资本，有待于重新挖掘利用。按照《中华人民共和国文物保护法》《风景名胜管理暂行条例实施办法》《中华人民共和国自然保护区管理条例》规定，我国的文物单位、自然保护区、风景名胜区要接受多个主管部门归口管理，并接受地方各级政府的行政领导，由中央主管部门负责行政审批权，地方负责财政权。条块分割、多头管理模式在今天越来越跟不上发展的需要，国家文化和自然遗产地保护的"十一五""十二五"规划纲要都指出了多头管理问题，其中"十一五"规划纲要指出："这种多头管理、政出多门的格局，容易产生遇到利益一哄而上、遇到责任互相推诿的倾向。各类遗产地区划重叠、边界不清、核心功能不明造成了管理效能低下，不利于统筹遗产地资源的整体保护。"

　　与多头管理相反的另一种情况就是"谁也不管"。在部分区县和乡镇，基层政府组织和文物部门集体退后，由负责旅游开发或房地产开发的公司老板来掌握历史文化遗存保护利用的实际权力，这种情况在北京的山区、半山区乡镇并不罕见，甚至地方的保护管理委员会都是"两块牌子，一套班子"，地方的公共文化服务也由公司和富裕的个人掌握，这就更加增添了保护利用不当的危险。

　　发达国家对于历史文化遗存的保护和管理，有的采取文物部门与城市规划部门相对独立的"双轨制"，两方相互配合，共同负责。比如日本就是把与文物保护直接相关的事务交给国家文部省文化厅，与城市规划相关的事务交给国家建设省城市局，为了保证决策的科学性和专业性，地方政府还设立法定咨询机构——审议会。有的国家政府专门设立一个直接指导相关事务的委员会，比如美国有总统艺术与人员委员会。无论哪种方式，其文物部门的权责都是比较大的。北京应当适当借鉴这种经验，在以政府为主导的前提下，明晰各级政府的保护责任以及建设、规划、文化、文物、旅游部门的职责权限等，适当增加文化和文物保护部门的权力，并修改相关规定予以确认。在明确各方权责之后，要建立责任追究机制。

2. 统筹文化创意产业集聚区的规划

文化创意产业集聚区重复建设、同质化竞争，会造成文化资本的利用不足。要解决这一问题，同样需要科学调研、统筹规划。《北京市文化创意产业资源空间布局规划》把北京现有 30 个文化产业集聚区打造成 19 个"文化创意产业功能区"，有重点地扶持这些功能区的发展。这一政策规划全面落实后，有助于改善目前集聚区重复建设的现象。文化创意产业集聚区发展应当与区县功能定位充分结合，扬长避短、避免无序竞争。例如，引导影视业创意企业到已经有成熟集聚基础的怀柔影视基地去发展，引导网游动漫类企业到石景山"中国动漫城"发展，创意设计类企业到通州"国家文化创意产业设计园"去落户，文艺演出集中到天桥和天坛的文化功能区去发展。

区县之间还可以跨行政区划合作，实现"飞地招商"①，避免区域之间的恶性竞争。北京市在其他产业领域，早已尝试跨区合作："海淀—密云"定位为研发总部、电子信息产业；"西城—门头沟"定位为高新技术产业；"朝阳—延庆"定位成新能源和环保产业。结对区县进行产业合作的期限是 5 年，在生态涵养发展区内共建产业基地，每年可获得不少于 3 亿元的资金支持，还可享受经济指标分成、财税共享等优惠。文化创意产业也应当尝试这种跨区合作，其好处在于扩大了交易范围，降低交易成本，实现特色文化资源的共

① "飞地招商"是指发达地区与欠发达地区的政府打破行政区划限制，把"飞出地"的资金和项目放到行政上互不隶属的"飞入地"的文化创意产业园区，通过规划、建设、管理和税收分配等合作机制，实现互利共赢的持续或跨越发展的招商模式。

享，推动各类文化创意企业投融资项目的顺利进行。

由于过去规划建设失当和区县的一些特殊情况，文化创意产业集聚区的重复设置很难完全避免，即使把市级集聚区都按照区县功能定位整合和缩编，也还有一些区县自己设立的集聚区，有一部分产能无法完全整合。这就需要未能统筹规划的小型集聚区，在市场细分和调研的基础上找到自己的定位，发挥他们运作灵活的优势。

除以上整合、合作的措施之外，还应当建立完善文化创意产业园区、集聚区的考评机制和撤牌、退出机制，定期对园区进行考核，不合格的要令其整改，而限期整改后仍不合格的将予以摘牌。文化部产业司司长刘玉珠 2012 年 5 月接受媒体采访时表示，全国成规模的文化产业园区为 2000 家左右，总体发展健康，但数据显示只有不到 10% 的文化创意产业园真正盈利，超过九成处于亏损、招商难局面。① 北京地区的文化创意产业园区实际亏损比例不好估算，但建立考核退出机制是十分必要的。没有发展前景、徒有其名的各等级的大小园区都应取消其称号。

二 拓宽社会力量参与的领域和渠道

社会力量应当积极介入文化资本的开发利用，寻找符合自身特点的文化创意之路。在胡同、会馆、四合院、名人故居的保护利用中，民间资本能够发挥国有大型文化企业所不具备的作用，这些本就是民用设施的规模不大的历史建筑，正好供中小型的文化创意企业作为生产空间和销售、消费场所。而作为城市基体、体现城市文化特色的这部分文化资本又能够为企业的文化产品和文化服务带来较多的附加值。利用会馆、民居、四合院进行的特色餐饮和演艺活动，都被赋予了某种历史感和灵性。

---

① 《九成文化产业园亏损 退出机制酝酿中》，《金陵晚报》2013 年 9 月 10 日。

　　这一思路在南锣鼓巷的成功案例得到了充分体现，南锣鼓巷创意产业的兴起最初就是因为一批中外创意阶层的眼光和才智，发展至今日，民间资本除了投资创意小店、创意餐饮之外，已经在南锣鼓巷投资兴办剧场。北京的历史街区保护工作，以及物质形态文化资本的开发利用，如果单纯依靠政府推动，面临居民拆迁成本过高、资金缺口大的难题，社会力量参与可以加快对历史街区的保护利用进程。早在 2006 年推出详细的文化创意产业发展规划之时，北京就提出在保持土地使用权不变的情况下，允许厂房、仓储用房、可利用的传统四合院区域、传统商业街和历史文化保护街区等存量房地产资源转型兴办文化创意产业，政府还将给予税收方面的支持。北京市提出把社会力量引入到旧城区的开发利用中来，目前欠缺的是相关部门在政府主导下，联手制定详细的落实细则，对保护利用提出一套标准，在保证原有格局风貌不变并得到修缮的前提下，积极开展各种文化创意产业活动。

　　社会力量还可以直接参与历史文化遗产的保护修缮，这既是文化旅游产业的基础性工作，又有可以开发利用的商业价值。2013 年 6 月，故宫博物院与东城区政府启动"平安故宫"工程院藏文物抢救性科技修复保护合作项目，就请来了一批来自北京美术宫灯厂、北京象牙雕刻厂、北京珐琅厂、北京剧装厂、北京金漆镶嵌有限公司等单位的国家级非遗代表性传承人，他们和故宫合作完成对文物的修复保护。与修复保护活动直接相关的各种技艺，将通过档案记录、照相、录音、录像等多媒体技术和手段，得到永久性的记录和有形地展示，并将适时举办相关的文化展览。此后，2016 年上映的三集纪录片《我在故宫修文物》也取得了很大影响力。故宫文物修复是一个经典案例，民间工艺美术的大师既保护了物质形态的文化资本，又运用和积累了精神形式的文化资本。

　　鼓励民间资本发展文化创意产业现在已成社会共识，民营文化企业在文化原创和资源整合方面起到了积极作用。现阶段应当进一步把企业做大做强，多涌现一批大型民营文化集团。从文化创新的角度看，我国由于过去主要以事业单位的形式来进行文化生产，在此基础上改制而成的国有文化产业集团仍具有一定的垄断特征，掌握了巨大的出版、发行、转播等媒体渠道资源，它们由于自身规模大、实力强、资历老，不需要进行内容研发的风险性投入就可以获得较大的利润，又加上某些企业内部"科层化"的现象严重、意识形态色彩较浓，创意工作者受到的限制较多，总体上显得文化原创力不足。正如布尔迪厄强调的，这些处于资本优势地位的生产者很多时候是用自己的文化趣味、判断标准和设计来塑造文化消费者，而不是真正面对供求关系。民营文化集团相比之下创新性强，在机制上更灵活，有利于中国创作的文化创意产品走出国门，与外国文化企业展开各种形式的合作。

约翰·霍金斯在《创意经济》一书中分析过，创意经济呈现出"少量大企业、大量小企业"的发展趋向，它依赖于具体的某个创意，大多围绕一个项目开展生产活动，因此，很多民营资本在创意产业领域从事一些最初的创意工作，承担了国有文化企业的一部分外包工作，它们的企业规模并不大。现阶段如果能进一步逐步理顺文化市场管理机制，将文化内容研发环节与制作、生产、传播及衍生开发的环节有效链接，则有希望在"大量小企业"的基础上形成一批具有全产业链运营模式和很强文化原创力的"少量大企业"。同时，政府应当积极扶持、推动一批中小企业发展。过去，国家把主要的财政投入都给了国有企业，民营文化企业很难拿到文化创意产业方面的专项资金，在政策方面也没有达到和国有企业平等待遇。应当进一步加大对有潜力的民企的资金扶持力度，落实税收优惠政策、改善融资贷款服务、优先安排项目用地，提供服务平台，从多方面来壮大民营的文化创意企业。

三　完善知识产权保护和激励机制

知识产权是受到法律保护的精神形态的文化资本。文化创意产业发展的生命力就在于对知识产权的有效保护，广大的中小文化创意企业尤其需要保护其知识产权，才能求得发展。文化产业作为一种知识密集型产业，其主要特征是研究、开发原创性作品的成本很高，而复制这种作品的成本却非常低廉。因此，知识产权对于文化创意产业的意义重大，对知识产权的保护和激励，从制度层面肯定和保证了企业、个人的文化资本收益，从根本上鼓励了文化创新。美国作为全世界最大的文化产品出口国，一直没有大量使用"创意产业"概念，而是直接称之为"版权产业"，把文化创意产业等同于与版权保护相关的各种产业，如图书出版、报纸杂志、录音制品、电影电视、电脑软件，实用艺术品等等。这从一开始就强化了公众对于文化创意产品的意义价值的认识。1996 年，美国版权产业的出口第一次超过汽车业、农业、飞机制造业，成为美国最大的出口部类，美国 90% 以上的进出口贸易都与知识产权的保护有关。①

北京在知识产权保护方面在全国是做得比较好的，根据国家知识产权局知识产权发展研究中心 2017 发布《全国知识产权发展状况报告》，在知识产权综合发展指数排序方面，广东、北京、上海、江苏、浙江、山东、安徽、福建、四川、湖北位居前 10 名。但是北京的知识产权保护和积累还有很大的提升空间，现有的知识产权发展状况与它应承担的职责和未来的历史使命相比，还有不小差距。北京的知识产权保护与激励工作，应当从保护、创造、应用等几方面来考虑：

首先，要积极完善和落实知识产权的法规，保护企业对于文化

———————————

① 李明德：《知识产权保护也是鼓励机制》，《瞭望》2007 年 4 月 30 日。

原创内容研发的投入积极性。《知识产权法》早已颁布，关键问题在于采用多种方式来积极落实和完善。政府落实知识产权保护政策，有利于吸引和留住专业人才，有利于推动文化创新和产业创新，培养创意阶层的信心和能力。北京应当深入开展打击侵犯知识产权和制售假冒伪劣商品专项行动，在举行大型国际会展、文化活动和节庆之时，尤其要注意保护好相关的知识产权。在战略性新兴产业的关键技术领域建立知识产权联盟，形成一批有影响力的创新企业集群，构建北京的行业知识产权推进体系。同时，知识产权管理部门应当与地方商会（协会）合作，建立区域性、行业性知识产权保护自律机制，支持商会（协会）开展维权服务和调解纠纷工作。

其次，要积极推动知识产权的创造利用。推动首都知识产权公共信息服务平台建设工作。要对文化创意产业的原创企业和个人予以激励性的补偿或税收优惠措施。政府应当进一步完善有关知识产权资助制度，完善产权交易体系，鼓励核心技术成果高效生成自主知识产权，打造具有国家技术创新源泉特质的知识产权高地。北京文化创意企业"走出去"的步伐越来越大，应当加快引进海内外知识产权创造、管理和服务，推进知识产权海外预警与应急救助专项工作，学习意大利政府在十几个国家设立"打假办"的成功经验，成立北京自己的类似的海外维权机构。

四 文化资本利用的品牌化、国际化

文化品牌是被制度保证的文化资本，给商品带来高额的文化附加值，给企业带来丰厚的回报。文化创意产业的壮大就体现在文化资本利用的国际化、品牌化发展，首先要积极实施文化精品战略，努力提高北京文化创意产业的国际竞争力，推出一批明星企业。其次要利用开展大型国际文化体育活动、会展的契机，把北京的文化品牌推向世界。

　　实施精品战略的含义就是，一要多创作、生产、传播积极的文学、音乐、美术、影视、动漫等精品力作。二是依托丰富的传统文化、民族文化、精神资源，打造精品文化产品。三是打造一批具有自主知识产权和核心竞争力、市场号召力的文化品牌、文化企业和文化产业。四是实施文化精品战略，需要政府的支持。需要把文化发展纳入及社会发展总体规划，列入各级政府效能和领导干部政绩考核体系。文化精品是对中国特有的精神形式文化资本的创造性利用，同时文化精品又创造了新的被制度化认可的文化资本，其自主知识产权为文化创意企业带了丰厚的回报。

　　精品战略的成果集中体现在打造出一批有核心竞争力的经典作品，以精品带动其他产品的销售，最终形成自己的世界性文化品牌。近年来北京文化创意产业发展的一个经验就是：即使是文化创意产业在国内尚未建立品牌，也可以先到海外去建立，然后再回国发展，所谓"墙内开花墙外香"，比如天创国际公司走的就是这样一条创国际品牌之路，2007年他们以进军百老汇为目标，经过周密的市场调研之后，打造了针对西方观众欣赏习惯的大型舞台动作剧《功夫传奇》，并与加拿大导演合作将《功夫传奇》推介到英国伦敦大剧院进行了27场商演，结果演出非常成功，反过来又带动了公司的其他剧目和国内市场。其经验可总结为：以"一剧目、一剧团、一公司"的单品模式打开市场突破口，再辐射带动其他产品的销售和其他经营环节跟进，最终发展成具有示范效应的明星企业。

　　在当前全球经济形势的影响下，中国一些大型文化创意企业可能在资金上有优势，关键是要做好自己的品牌管理，进一步把自己打造成国际企业。利用欧美文化企业集团经营压力大，接受并购和国际化的意愿增强的契机，采取多产业要素组合、高科技引领、连锁化经营等手段组建跨国文化企业集团，最终形成规模效应，突破发达国家对主流文化市场的垄断，形成中国自己的国际文化市场营销网络，带动相关其他产业的发展。北京万达集团以 26 亿美元并购美国 AMC 影院公司，一跃成为全球规模最大的电影院线运营商，近年在美国股市的业绩也很不错。北京的网游公司完美世界收购美国著名网络游戏公司 Cryptic Studios 的 100% 股权，都是这样的成功之作。

另外，从政府的角度看，应当给予这些打造国际文化品牌的文化创意企业予以鼓励和支持。我国文化产品和文化服务的出口退税率不断下降，税收优惠方式也较为单一，这些都导致税收政策激励作用有限。北京应当进一步扩大对优秀出口型企业和出口文化精品的扶持力度。此外，除少数已有相当规模的大型文化企业集团外，很多试图走向国际市场的文化企业都要面临前期投入较大、融资困难的问题。应当充分利用出口信用保险，利用国家的政策性金融工具和资源，为外向型企业的发展提供动力。

打造有国际影响力的文化精品需要注意的是，文化资本要发挥其效用，有着自身的规律，要在文化创意产业链的关键环节即符号文本的创作上下一番功夫。对中国特色文化资源的利用不是对民族文化符号的简单叠加，对民族文化资源的简单生产。文化品牌的国际化、扩大文化产品出口和文化传播，既要体现本民族的文化特色，又要积极尝试其他国家、地区、民族所能接受的表现手法形式和思维逻辑，遵循国际主流文化市场的一些市场规律，针对不同的市场需求对原创文化产品进行重新包装，比如上面提到的天创国际的《功夫传奇》就请到了好莱坞的导演对作品进行国际化的包装改版，还在出口商演之前组织大量的国内外观众进行观看评议，根据他们反馈的意见再进行修改，直到达到能够被外国观众理解接受的程度。这些经验对于北京乃至全国演艺行业进军国际市场都有启示意义。

大型文化活动、文化事件是迅速打造城市文化品牌的一条捷径。人们通过大型的文化活动和文化事件，了解到北京以"创意城市"

著称，了解到北京能够提供哪些类型的文化创意产品，则北京造的文化产品就迅速打开销路，也容易吸纳最重要的生产要素：资金和人才。北京奥运会正是这样一个巨大的文化生产场域，一次成功的文化品牌营销，一次标志性的文化创意事件。北京奥运会的开幕式集中展示了北京在科技与文化融合以及保护利用民族特色文化资源方面的成绩成就，迅速推动了水晶石数码科技、洛可可设计公司等北京本土文化品牌走向世界。通过文化创意事件来提升文化品牌，是从下到上、从公众到政府层面的，它必须建立在精确调研和大众广泛参与的基础之上。正如丹麦学者埃里克·刀文克所说，大型创意活动、创意事件中不仅专家学者和文化企业的作用至关重要，新闻媒体、艺术家的参与也十分重要。只有加入时尚元素，才能让整个事件让大众看起来新鲜有趣、引人入胜，把文化创意产品带给更多的消费者。

五　培育创意阶层，凸显智慧价值

创意阶层是文化资本开发利用的主体，其拥有的文化资本可以视为一种"智慧资本"，正是创意者的智慧带来了文化创意产业的核心价值。北京创意人才的匮乏，尤其是动漫游戏等新兴产业人才的匮乏，严重阻碍文化创意产业发展，动漫游人才供不应求的局面至少需要数年才可能得到缓解。要解决这一困局，应当在学校教育、政府服务和分配制度改革方面进行努力。完善文化创意产业的人才队伍结构，构建具有持续创新活力的人才体系。

其一，要进一步构建北京高校、科研单位和企业的"产学研用"体系。"产学研用"是一种合作系统工程，即生产、学习、科学研究、实践运用的系统合作。只有把学校教育与生产实践相结合，才有可能培养出符合企业需要的创新型人才。水晶石数码科技公司的成功就离不开"产学研用"的发展模式，这家公司成了海淀区产学研研发中心,还在上海、广州、大连、香港等多个城市建立自己的教育中心,与北京林业大学合作开设了影视动画和园林动画的学历教育,并开设了动画专业的硕士班。他们以"产学研用"模式建立的教育培训系统,不仅为本公司,还为全国紧缺的数码影像、动漫设计领域培养了大量高级专门人才。具体说来,要把理论研究和教育作为北京文化创意产业领域的"产学研用"的"必选动作",紧盯新兴业态的技术需求,鼓励"产学研用"机构开展"自选动作"。另外,应在若干优势领域内聚焦重点目标,持续增强文化与科技融合的创新能力。还应当将市级集聚区中的优秀者建设成为文化与科技融合的示范基地,将北京的优势门类及特色门类建设成示范领域,将中小型企业作为技术创新的主体,实现"产学研用"环环相扣。相关部门要打破传统业务界限,将文化创意产业领域的科技研发纳入全市工作大局。

其二,要完善针对创意阶层的公共服务平台。北京科学技术委员会将"文化创意产业公共服务平台"定义为"以资源共享和产业服务为核心,聚集和整合政府、企业、科研院所和高校的文化创意条件资源,运用信息、网络等现代科技形成的物质与信息服务平台,通过建立共享机制和运营管理组织,为文化创意产业发展提供公共便利、创造公共条件的开放、共享的服务网络、体系或设施"。搭建公共服务平台对于招商引资、提高企业盈利能力、保护知识产权、转变政府职能都有重要意义。除了最常见的投融资平台之外,还应当建立健全信息平台、交易平台、对外交流平台、产学研合作平台等等。加大对文化创意民营产业的资金扶持和政策倾斜。加快出台促进本市民营文化企业和中小企业发展的地方性法规,为民营企业发展创造良好的法制环境;引导民营企业、中小企业与国有企业展开合作,结成相互依赖的网络。从目前情况看,北京文化创意产业发展的未来最大需求是文化创意产品销售和企业的中介服务(生产性服务业），建设文化创意产业交易平台是当前的一个重要发展方向。发展创意产业的关键还在于搞好文化体制改革，创造出更多的灵活独立的市场主体。

其三，保证创意阶层的分配收益，凸显智慧价值。我国包括基础理论研究者、人文社会科学研究者在内的创意人才匮乏，导致创意产业只能从外国优秀作品中寻找灵感、拾人牙慧，在不断的引进、模仿中低水平运行。创意设计人才缺口加大的同时，创意设计人才在就业上又遭遇了薪酬尴尬，学历薪资倒挂的现象层出不穷。中小企业想要百里挑一精选创意人才，又不愿意提供较好的待遇。要解决这一问题，应当对文化创意企业的内容创新在财税方面予以支持，最好是设立专项基金，以弥补市场配置资源的不足。中小公司、独立制作公司往往在文化产品的构思、创意阶段发挥了重要作用，应当积极保护中小公司的知识产权，尊重从事一线创意活动的主创人员、创意经理、技术人员，给予其充分的创意空间和创作自由。同时要保护创意阶层的利益，在制定分配方案时不能一味考虑投资人回报，而应当充分认识到内容和创意才是文化产品取得成功的决定性因素。

参考文献

中文部分

文化资本

阿尔文·古尔德纳:《新阶级与知识分子的未来》,杜维真等译,人民文学出版社,2001。

比尔·马丁、伊万·塞勒尼:《超越文化资本:走向一种符号支配的理论》(1987),载《全球化与文化资本》,社会科学文献出版社,2005。

卜长莉:《文化资本的多寡决定财富分配高低——布尔迪厄文化资本投资的启示》,《中国行政管理》2003年第2期。

布迪厄:《实践感》,蒋梓骅译,译林出版社,2009。

布迪厄:《实践理性:关于行为理论》,谭立德译,生活·读书·新知三联书店,2007。

布迪厄:《艺术的法则》,刘晖译,中央编译出版社,2011。

布迪厄、华康德:《实践与反思》,李猛、李康译,中央编译出版社,1998。

布尔迪厄：《关于电视》，许钧译，南京大学出版社，2011。

布尔迪厄：《区分：判断力的社会批判》，刘晖译，商务印书馆，2015。

布尔迪厄：《文化资本与社会炼金术：布尔迪厄访谈录》，上海人民出版社，1997。

布尔迪厄：《资本的形式》，载薛晓源、曹荣湘主编《全球化与文化资本》，社会科学文献出版社，2005。

布尔迪约、帕斯隆：《再生产：一种教育系统理论的要点》，邢克超译，商务印书馆，2002。

储小平：《中国"家文化"泛化的机制与文化资本》，《学术研究》2003年第11期。

戴维·斯沃茨：《文化与权力：布尔迪厄的社会学》，陶东风译，上海译文出版社，2012。

德里克·罗宾斯：《布迪厄"文化资本"观念的本源、早期发展与现状》，《国外社会科学》2006年第3期。

傅敬民：《圣经汉译的文化资本解读》，复旦大学出版社，2009。

高波：《文化资本、企业家精神与经济增长——浙商与粤商成长经验的研究》，人民出版社，2011。

高波、张志鹏：《文化资本：经济增长源泉的一种解释》，《南京大学学报》（社会科学版）2004年第5期。

海伦娜·韦伯斯特：《建筑师解读布迪厄》，林溪、林源译，中国建筑工业出版社，2017。

皇甫晓涛：《文化资本论》，人民日报出版社，2009。

蒋萍：《企业文化资本扩张性及扩张力度探析》，《企业研究》2006年第3期。

乐国林：《文化资本与企业成长关系研究》，经济科学出版社，2010。

李建盛：《智慧资本、表征资本、产业资本与北京文化创意产业》，

《北京行政学院学报》2007 年第 6 期。

李沛新：《文化资本运营理论与实务》，中国经济出版社，2007。

厉无畏：《文化资本与文化竞争力》，《文汇报》2004 年 5 月 24 日。

马特·莱特：《文化资本的政治表现》，载薛晓源、曹荣湘主编《全球化与文化资本》，社会科学文献出版社，2005。

宁凌、李丽：《企业发展的核心要素：文化资本》，中国经济出版社，2006。

牛宏宝：《文化资本与文化创意产业》，《中国人民大学学报》（社会科学版）2010 年第 1 期。

欧阳强：《文化资本投资与经济增长关系的研究》，2005 年中国第五届经济学年会论文。

任勇：《现代国家治理中的文化整合——基于社会资本与文化资本的考察》，《长白学刊》2010 年第 3 期。

孙远太：《文化资本与家庭地位、教育分层——以上海居民为例》，《教育学术月刊》2012 年第 7 期。

王宗起：《论企业文化资本的培育》，《化工技术经济》1998 年第 2 期。

徐明生：《我国文化资本与经济发展的协调性研究》，《厦门大学学报》（哲学社会科学版）2011 年第 1 期 。

徐望：《文化资本时代的中国文化产业论》，中国石化出版社，2017。

徐文燕：《论城市文化资本的积累与利用》，《世纪桥》2008 年第 14 期。

许德金、冯捷蕴等：《后奥运时代北京文化资本与城市形象》，中国商务出版社，2012。

姚俭建、岑文忠：《试论文化资本的积累机制探微》，《上海师范大学学报》（哲学社会科学版）2004 年第 2 期。

约翰·杰洛瑞：《文化资本：论文学经典的建构》，江宁康、高巍译，南京大学出版社，2011。

张鸿雁：《城市文化资本论》，东南大学出版社，2010。

张鸿雁：《城市形象与城市文化资本论》，东南大学出版社，2004。

张劲松：《论知识资本参与社会收入分配的制度建设》，《湖北社会科学》2002 年第 1 期。

朱国华：《权力的文化逻辑：布尔迪厄的社会学诗学》，上海人民出版社，2016。

朱国华：《习性与资本：略论布迪厄的主要概念工具》，《东南大学学报》（哲学社会科学版）2004 年第 1 期。

文化产业、文化创意产业

蔡庆同：《研究文化也是研究产业》，台北《新闻学研究》第 89 期。

查尔斯·兰德利：《创意城市：如何打造都市创意生活圈》，杨幼兰译，清华大学出版社，2009。

大卫·赫斯蒙德夫：《文化产业》，张菲娜译，中国人民大学出版社，2007。

戴维·思罗斯比：《经济学与文化》，王志标、张峥嵘译，中国人民大学出版社，2011。

哈特利主编《创意产业读本》，曹书乐等译，清华大学出版社，2007。

孔建华：《从文化产业到文化创意产业的历史嬗变——北京文化经济发展述评（1996—2006 年）》，载景体华主编《中国首都经济发展报告》，社会科学文献出版社，2007。

孔建华：《文化经济的融合兴起与北京想象：北京文化创意产业集聚区发展再研究》，《艺术与投资》2009 年第 3 期。

李雪梅：《北京 798 从军工厂到艺术区》，《中国国家地理杂志》2006 年第 6 期。

理查德·佛罗里达：《创意阶层的崛起：关于一个新阶层和城市的未来》，司徒爱勤译，中信出版社，2010。

刘友金、胡黎明、赵瑞霞：《城市发展与创意产业的互动关系及其耦合演化过程研究》，载中国城市发展研究会《2009 年中国城市创新报告》，红旗出版社，2010。

斯图亚特·坎宁安：《从文化产业到创意产业：理论、产业和政策的涵义》，载林拓、李惠斌、薛晓源主编《世界文化产业发展前沿报告》，社会科学文献出版社，2004。

杨会军：《英国创意产业已成为新兴支柱产业》，驻英使馆经商处官网，2011 年 4 月 15 日。

约翰·霍金斯：《创意经济：如何点石成金》，洪庆福、孙薇薇、刘茂玲译，上海三联书店，2006。

赵继新、楚江江：《北京文化创意产业公共服务平台构建研究》，《北方工业大学学报》2011 年第 2 期。

中国驻英国大使馆经商处：《英国创意产业发展系列调研报告》（2006，2010）。

社会学、经济学

艾伦·J. 斯科特：《城市文化经济学》，董树宝、张宁译，中国人民大学出版社，2010。

艾瑞克·洪伯格：《纽约地标：文化和文学意象中的城市文明》，瞿荔丽译，湖南教育出版社，2008。

贝尔纳·米耶热：《传播思想》，陈蕴敏译，凤凰传媒出版集团、江苏人民出版社，2008。

戴维·鲁斯克：《没有郊区的城市》，王英等译，上海人民出版社，2011。

丹尼尔·贝尔：《资本主义文化矛盾》，赵一凡等译，生活·读书·新知三联书店，1989。

道格拉斯·凯尔纳：《媒体文化：介于现代与后现代之间的文化研究认同性与政治》，丁宁译，商务印书馆，2004。

弗朗西斯·福山：《信任：社会美德与创造经济繁荣》，彭志华译，海南出版社，2001。

赫尔南多·德·索托：《资本的秘密》，王晓冬译，江苏人民出版社，2001。

赖特·米尔斯：《社会学的想像力》，陈强、张永强译，生活·读书·新知三联书店，2005。

雷蒙·威廉斯：《关键词：文化与社会的词汇》，刘建基译，生活·读书·新知三联书店，2005。

刘小枫：《国家权力与社会权利之间的个体学术》，载《个体信仰与文化理论》，四川人民出版社，1997。

罗钢、王中忱编《消费文化读本》，中国社会科学出版社，2003。

罗兰·罗伯逊、扬·阿特·肖尔特：《全球化百科全书》，王宁主编，译林出版社，2011。

马克思：《〈政治经济学批判〉序言》，《马克思恩格斯选集》第 2 卷，人民出版社，1995。

马克思：《资本论》第二卷，人民出版社，2004。

马林诺夫斯基：《文化论》，费孝通译，中国民间文艺出版社，1987。

迈克·费瑟斯通：《消费文化与后现代主义》，刘精明译，译林出版社，2000。

亚当·斯密：《国民财富的性质和原因的研究》，郭大力、王亚南译，商务印书馆，1983。

詹明信：《晚期资本主义的文化逻辑》，陈清侨等译，生活·读书·新知三联书店、牛津大学出版社，1997。

张凤林《西方资本理论的发展与演变》，《中国社会科学》1995 年第 2 期。

赵勇：《整合与颠覆：大众文化的辩证法》，北京大学出版社，2005。

赵勇、杨玲：《大众文化理论新编》，北京师范大学出版社，2011。

城市学、公共文化

阿尔多·罗西：《城市建筑学》，黄士钧译，中国建筑工业出版社，2006。

单霁翔：《城市化发展与文化遗产保护》，天津大学出版社，2006。

单霁翔：《从"功能城市"走向"文化城市"》，天津大学出版社，2007。

单霁翔：《留住城市文化的"根"与"魂"：中国文化遗产保护的探索与实践》，科学出版社。2010。

单霁翔：《文化遗产保护与城市文化建设》，中国建筑工业出版社，2009。

黄鹤：《文化规划：基于文化资源的城市整体发展策略》，中国建筑工业出版社，2011。

黄鹤：《文化政策主导下的城市更新：西方城市运用文化资源促进城市发展的相关经验和启示》，《国外城市规划》2006年第21期。

李建盛：《北京文化60年》，北京大学出版社，2010。

李建盛、陈玲玲主编《北京公共文化服务体系与惠民工程建设》，知识产权出版社，2013。

王列生、郭全中、肖庆：《国家公共文化服务体系论》，文化艺术出版社，2009。

王强编《北京市历史文化资源若干典型案例研究》，经济科学出版社，2013。

杨宏烈：《城市历史文化保护与发展》，中国建筑工业出版社，2006。

中央文化企业国有资产监督管理领导小组编《文化产业发展典型60例》，经济科学出版社，2012。

报告年鉴

北京市地方志编纂委员会编《北京年鉴》（1990—1993年），中国城市出版社。

北京市地方志编纂委员会编《北京年鉴》（1994—2017 年），北京年鉴出版社。

金元浦主编《北京：走向世界城市》，北京科学技术出版社，2010。

李建盛主编《北京文化发展报告》，社会科学文献出版社版，2005年以来各卷。

刘牧雨主编《北京文化创意产业发展理论与实践探索》，中国经济出版社，2007。

刘牧雨主编《北京文化创意产业研究报告》，首都师范大学出版社，2008。

马朝军主编《发展中的北京文化产业调查与研究》，红旗出版社，2012。

牛维麟、彭翊主编《北京市文化创意产业集聚区发展研究报告》，中国人民大学出版社，2009。

叶朗主编《中国文化产业年度发展》，北京大学出版社，2006年以来各卷。

张京成、王国华编《北京文化创意产业发展报告》，社会科学文献出版社，2012。

张晓明等主编《中国文化产业发展报告》，社会科学文献出版社，2005年以来各卷。

报纸文献

《电影营销细分市场 小公司也有大作为》，《北京商报》2013年5月23日。

龚亮：《北京文化创意人才遭遇到什么？》，《光明日报》2011年11月23日。

霍金斯：《知识产权是新世纪的"货币"》，《每日经济新闻》2009年10月27日。

金元浦：《努力转变文化发展方式》，《光明日报》2010 年 10 月 26 日。

金元浦：《文化创意产业：面向未来的重大战略转移》，《光明日报》2006 年 1 月 20 日。

裴钰：《明十三陵的"懒思维"》，《中国青年报》2010 年 6 月 11 日。

陶东风：《北京精神是一种文化氛围》，《光明日报》2012 年 1 月 18 日。

王少杰：《文化产业发展进度失衡"超前"战略需深度积淀》，《中国产经新闻》2010 年 12 月 30 日。

王一川、肖永亮等：《文创人才培养缺乏清晰定位》，《北京商报》2012 年 1 月 5 日

张萧然：《制造业"给银行打工"折射出经济畸形发展》，《中国产经新闻》2012 年 9 月 6 日。

张晓明：《文化产业：转变发展方式正当时》，《光明日报》2010 年 8 月 25 日。

《资本时代已经过去，创意时代已经到来》，《湖北日报》2008 年 4 月 25 日。

学位论文

陈锋：《文化资本导论》，中央党校博士学位论文，2000。

陈治国：《布尔迪厄文化资本理论研究》，首都师范大学博士学位论文，2011。

黄斌：《北京文化创意产业空间演化研究》，北京大学博士学位论文，2012。

王云：《中国文化资本估算及其对经济增长的贡献》，华南理工大学博士学位论文，2012。

赵丽娜：《文化资本对城市宜居性的提升功能研究》，哈尔滨工业大学博士学位论文，2010。

英文文献

Berkes, Fikert, Carl Folke, "A Systems Perspective on the Interrelations between Natural, Human – Made and Cultural Capital," *Ecological Economics*, 5 (1), 1992.

Bourdieu, Pierre , *Reproduction in Education*, *Society and Culture*, London: Sage, 1990.

Bourdieu, Pierre, *The Love of Art: European Art Museums and Their Public*, Stanford University Press, 1990.

Bourdieu, Pierre, *The Production and Reproduction of Legitimate Language*, *Language and Symbolic Power*, Blackwell, 1991.

Bourdieu, Pierre, "The Forms of Capital," in J. G. Richardson, Westport, eds. , *Handbook of Theory and Research for the Sociology of Education*, CT: Greenwood Press, 1986.

Chartrand, Harry Hillman, & Claire McCaughey, "The Arm's Length Principle and the Arts: An International Perspective – Past, Present and Future," in *Who's to Pay? For the Arts: The International Search for Models of Support*, M. C. Cummings Jr. & J. Mark Davidson Schuster (eds.), American Council for the Arts, N. Y. C, 1989.

Coy, Peter, "The Creative Economy," *Businessweek*, Issue 3696, 2000. 08. 08.

DiMaggio, Paul, "Cultural Capital and School Success: The Impact of Status Culture Participation on the Grades of US High School Students," *American Sociological Review*, 47 (2), 1982.

Friedman, Jonathan, "Being in the World: Globalization and Localization," *Theory Culture and Society*, Vol. 7, No. 2, 1990.

Gouldner, A. , *The Future of intellectuals and the Rise of the New Class*, New York: Macmilan Co, 1997.

Grabher, Gernot, "Cool Projects, Boring Institutes: Temporary Collaboration in Social Context," *Regional Studies*, 36 (3), 2002.

Harker, R. , C. Mahar, and C. Wilkes, *An Introduction to the Work of Pierre Boudieu*, New York: St, Martin's Press, 1990.

Lamont, Michele and Annette Lareau, "Cultural Capital: Allusions, Gaps and Glissandos in Recent Theoretical Developments," *Sociological Theory*, Vol. 6, No. 2, 1988.

Pratt, Andy, "The Cultural Industries Production System: A Case Study of Employment Change in Britain, 1984 – 91," *Environment and Planning A*, 29 (11), 2008.

Robbins, Derek, "The Origins, Early Development and Status of Bourdieu's Concept of Cultural Capital," *The British of Sociology*, Vol. 56 (1), 2005.

Scott, Allen, "The Craft, Fashion, and Cultural Products Industries of Los Angeles: Competitive Dynamics and Policy Dilemmas in a Multispectral Image – producing Complex," *Annals of the Association of American Geographers*, 86 (2), 2015.

Wynne, Derek, *The Culture Industry: The Arts in Urdan Regeneration*, Ash Gate Publishing Company, 1992.

致 谢

　　本书是笔者在 2012 年的博士后出站报告基础上修改而成。在研究和写作过程中，得到了北京市社会科学院领导的大力支持，在此表示诚挚谢意！感谢李建盛研究员的指导和帮助，感谢文化所高音、傅秋爽、季剑青、陈玲玲、刘瑾、许苗苗、杨震、陈红玉、黄仲山、王林生、晏晨、张凯等各位同事的帮助。感谢北京师范大学赵勇教授、李春青教授的热情帮助。

图书在版编目（CIP）数据

文化资本与北京文化创意产业／陈镭著. —— 北京：
社会科学文献出版社，2018.10
（北京文化研究丛书）
ISBN 978 - 7 - 5201 - 3512 - 2

Ⅰ.①文… Ⅱ.①陈… Ⅲ.①文化产业 - 产业发展 -
研究 - 北京 Ⅳ.①G127.1

中国版本图书馆 CIP 数据核字（2018）第 220872 号

北京文化研究丛书
文化资本与北京文化创意产业

著　　者／陈　镭

出 版 人／谢寿光
项目统筹／宋月华　袁卫华
责任编辑／袁卫华

出　　　版／社会科学文献出版社·人文分社（010）59367125
　　　　　　地址：北京市北三环中路甲 29 号院华龙大厦　邮编：100029
　　　　　　网址：www.ssap.com.cn
发　　　行／市场营销中心（010）59367081　59367018
印　　　装／三河市尚艺印装有限公司

规　　　格／开　本：787mm×1092mm　1/16
　　　　　　印　张：14.5　字　数：186 千字
版　　　次／2018 年 10 月第 1 版　2018 年 10 月第 1 次印刷
书　　　号／ISBN 978 - 7 - 5201 - 3512 - 2
定　　　价／89.00 元

本书如有印装质量问题，请与读者服务中心（010 - 59367028）联系